Beate Quaas

Alles wird Musik

Eine spielerische Entdeckungsreise für Kinder

CHRISTOPHORUS

Inhalt

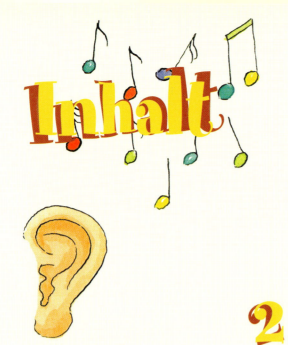

Zur Einführung   8

1 Die wunderbare Welt des Hörens   10

Hört ihr, wie die Ohren wachsen?   10

Unser Körper klingt   12

Was habt ihr nicht alles schon gehört!   14

Musik geht in die Beine   16

Hören lernen   18

Höhlensafari   20

2 Entdeckungsreisen mit der Stimme   22

Singen kann man nie genug!   22

Das Geheimnis des Atems   24

Singen kommt aus dem Körper   26

Singen ist Training für die Sprache   28

Wenn man singt, geht alles wie von selbst   30

Wir singen durch den Tag   32

Die Geschichte vom traurigen König   34

3 Instrumente – alles klingt und wird Musik 36

Spiele mit Körperinstrumenten 36

Musik aus der Hosentasche 38

4 Musizieren mit CDs 56

Instrumente find ich toll! 40

CDs sind nicht nur zum Hören da 56

Wir machen ein Konzert! 42

Malen mit Musik 58

Trommeln kann jeder 44

Tuten und Blasen 46

Instrumente zum Staunen 48

Anregungen zum Instrumentenbau 50

Raumgestaltung mit Musik 52

Waldkonzert 54

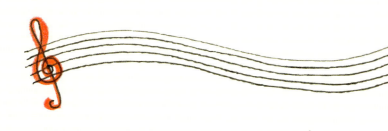

Zur Einführung

Dieses Buch will Ihnen zeigen, dass Musik machen sehr einfach ist und dass jeder Musik machen kann. Es enthält viele lebendige Spiele, die alle sofort durchführbar sind und eine musikalische Atmosphäre entfalten, ohne dass Sie eine Gesangsausbildung brauchen, Noten lesen können oder ein Instrument spielen müssen.

Ich möchte Ihnen den Grundgedanken des Buches am Titel näher verdeutlichen:

„Alles wird Musik" heißt, *Musik ganzheitlich erleben* mit Körper und Gefühl, mit Geist und Seele, beispielsweise wenn Kinder die Geräusche ihres Körpers entdecken. Sie sind dann „ganz Ohr" bei der Suche nach Ohrmusik oder werden zu einem riesigen Kontrabass, dessen Bauch summt und brummt.

Geht es Ihnen auch so? Musik ist für Sie sehr wichtig, besonders die Musik, die Sie selbst gerne hören. Viele Erinnerungen sind mit ihr verbunden, und Sie wissen genau, wann und wo Sie welche CD gekauft oder geschenkt bekommen haben. Aber wenn Sie selbst Musik machen sollen, dann wird es schwierig. Beim Singen fühlen Sie sich nicht so sicher und Noten lesen können Sie schon gar nicht mehr. Die neuen Lieder sind oft viel zu hoch oder haben komplizierte Melodien, und Gitarre spielen kann auch nicht jeder! Die Kinder im Kindergarten brauchen zwar Musik, aber das sollen lieber Fachleute machen!

„Alles wird Musik" heißt, *jedes Material ist klangfähig*, aus allem kann Musik entstehen. Das können kleine Steinchen, Stöckchen, Hölzer, Sand oder Wasser sein, die die Kinder entdecken, wenn sie draußen spielen. Alles macht Musik und kann zu Klangspielen genutzt werden.

„Alles wird Musik" heißt, *in jeder Situation kann Musik entstehen,* in allen Situationen ist Musik enthalten.

Sie müssen nicht „Klavierspielen können", um dieses Buch zu nutzen, nur Freude daran haben, mit den Kindern auf musikalische Entdeckungsreise zu gehen. Die Kinder haben auf jeden Fall große Lust!

Die großen Kapitel dieses Buches orientieren sich an den traditionellen Feldern der Musikerziehung: der Hörerziehung, der Stimmbildung und dem Singen, dem Instrumentalspiel und den gespeicherten akustischen Medien. Damit wird eine musikalische Grundbildung geleistet. Die Kinder lernen bewusst hinzuhören, sie entwickeln ihre Sing- und Sprechstimme und sie lernen verschiedene Musikinstrumente kennen. Außerdem werden die Kinder auf verschiedenste Weise in ihrer Ausdrucksfähigkeit angesprochen. Am Ende eines jeden Kapitels fasst eine Klanggeschichte die „geübten" Kenntnisse und Fähigkeiten erfolgreich zusammen.

Die Spiele sind so beschrieben, dass sie gut nachvollziehbar sind und auf vielfältige Weise genutzt werden können.

- Die meisten Spiele können ohne Vorbereitung direkt in die Praxis umgesetzt werden. Schlagen Sie einfach eine Buchseite auf, Sie werden sicher ein Spiel finden, das Ihnen gefällt.

- Einige Spiele setzt man in gezielten Situationen ein, z. B. bei Spaziergängen oder in Kuschelsituationen zum gemütlichen Hören. Auch diese Spiele bedürfen aber keiner besonderen Vorbereitung.

- Viele Spiele können auch häufiger wiederholt werden, weil eine bestimmte Fähigkeit geübt wird (z. B. Stimmbildungsspiele oder Rhythmusspiele mit den Körperinstrumenten).

- Bei manchen Spielen übernehmen Sie vielleicht genau den vorgegebenen Text, andere können Sie als Ideenpool nutzen und selbst mit den Kindern verändern.

- Viele Spielaktionen eignen sich für den Stuhlkreis, aber auch für Spielsituationen in einer Kleingruppe oder in einer Zweiersituation.

- Manches ist geeignet für eine kleine Aufführung, z. B. „Das Waldkonzert".

- Die Spiele können als einzelne kleine Spiele durchgeführt werden, so wie andere Spiele, die man immer wieder im Stuhlkreis durchführt. Man kann sie aber auch kombinieren zu einer „Musikstunde". Dann bietet es sich an, Spiele aus den verschiedenen Bereichen (Hören, Stimme, Instrumente) zu kombinieren.

Mit diesem Buch begeben wir uns auf eine Entdeckungsreise zur Musik. Diese Reise ist eine Schatzsuche, bei der man am Ende feststellt, dass der Schatz direkt vor der Haustür liegt, denn eigentlich ist alles vorhanden, was man zum Musikmachen benötigt: Ohren zum Hören, eine Stimme, die viel mehr kann als sprechen, ein Körper, der klingt, und viele Gegenstände oder Instrumente, aus denen man Klänge und Töne zaubert.

1 Die wunderbare Welt des Hörens

Hört ihr, wie die Ohren wachsen?

Hören – was ist das?

Wenn wir etwas nicht sehen wollen, schließen wir die Augen. Im Gegensatz zu den Augen sind die Ohren immer offen – und doch sind sie oft zu! Manchmal will man lieber gar nicht hinhören oder der Lärm ist so stark, dass man einfach weghören muss.

Aber was heißt „bewusst hören"?

Hören ist Aufnehmen, sich für etwas öffnen, Klänge, Geräusche, Töne in sich hineinfallen lassen. Diese Bereitschaft zum Aufnehmen ist die Grundlage der Kommunikation, sie ist die Basis für das Lernen und für die Entwicklung – und das, wie wir inzwischen wissen, schon im Mutterleib. Hören fördert die geistige Entwicklung des Kindes, Hören ist unverzichtbar für die Sprachentwicklung, Hören unterstützt unser Interesse für andere. Bei allem Lernen ist Hören auch ein ungeheurer Genuss, es macht Spaß, einfach nur zuzuhören. Und der Spaß soll bei allen Spielen an erster Stelle stehen!

Bei den folgenden Spielvorschlägen geht es darum, Lust aufs Hören zu bekommen. Sie öffnen die Ohren, rufen Spannung hervor und wecken Aufmerksamkeit und Interesse. Die Spiele eignen sich für den Stuhlkreis mit der ganzen Gruppe. Genauso gut geht es mit einer kleinen Gruppe oder spontan in einer Zweier-Situation mit nur einem Kind!

Tastreise durch die Ohren

Alle Kinder sitzen zusammen und können sich auch gegenseitig sehen. Achten Sie darauf, dass die Kinder Sie alle gut beobachten, fassen Sie sich an ihre eigenen Ohren und sagen Sie: „Ich habe festgestellt, dass Ohren ganz besondere Körperteile sind. Wollt ihr sie mal mit mir entdecken? Wir gehen jetzt auf eine Tastreise!" Wenn alle Kinder ihre Ohren gefunden haben, geht die Reise los. Sie beschreiben den Tast-Weg im Ohr und die Kinder machen mit: „Ganz vorsichtig gehen wir mit unseren Händen tastend auf Entdeckungsreise: Da gibt es Vertiefungen, fühlt ihr das? – ‚Täler', ‚Erhebungen'. Fühlt ihr auch die Verstecke und die Wege? Wie durch ein Labyrinth kommt man zur ‚Höhle', dem Eingang zum Trommelfell. Was lässt sich am Ohr alles entdecken?"

Man nimmt sich genügend Zeit zum Fühlen und dafür, sich auf sich selbst zu konzentrieren.

Weitere Anregungen für das Entdecken des Ohres:

Wo hören wir „Ohrmusik"?
Wo hört man das Rascheln der Hände am Ohr?
Was fühlt sich weich an, was ist härter?
Wie hört es sich an, wenn die Ohren geschlossen werden; wie, wenn sie auf sind?
Was hört man, wenn man nur ein Ohr streichelt?

Noch vorsichtiger probieren wir diese Entdeckungen bei einem anderen Kind aus.
Kann man ein anderes Kind erkennen, wenn man es nur am Ohr fühlt?

Mach einfach mal die Augen zu!

Viele Erzieherinnen greifen gerne auf meditative Musik als Klangkulisse für das Vorlesen oder Erzählen von Fantasiereisen zurück. Die Musik hat in diesem Fall die Aufgabe, von Außengeräuschen abzulenken und den inneren Raum für die Traumbilder frei zu machen.

In den folgenden Vorschlägen steht die Musik selbst im Mittelpunkt.

Nehmen sie sich Zeit für „gemütliches Hören" mit den Kindern. Wählen Sie einen ruhigen Raum oder eine abgetrennte Ecke im Raum und richten Sie diese ein wenig ein. Und dann hören alle gemeinsam Musik von der CD (nicht zu lang!) oder jemand spielt auf der Gitarre. Es genügt auch schon, wenn Sie eine kleine Melodie auf einem Glockenspiel spielen! Hauptsache, es ist gemütlich und man redet einfach mal gar nicht!

Klänge entdecken – Klänge verstecken

Kinder lieben Raschelndes, Geräuschhaftes genauso wie helle, zarte Töne. Natürlich muss es manchmal auch richtig laut sein, aber die „Ohren spitzen" ist für Kinder sehr spannend.

Die Kinder sitzen auf Stühlen oder Hockern und die Erzieherin sagt: „Unter meinem Sitz hat sich ein Geräusch versteckt, hört mal her!" Dazu kratzen Sie unter dem Stuhl mit den Fingern oder klopfen leise an die Seite des Stuhls. Das probieren alle Kinder aus. Jetzt lässt ein Kind einen versteckten Klang erklingen: Vielleicht hinter vorgehaltener Hand rascheln oder an der Rückenlehne knuspern. Alle Kinder machen dieses Geräusch nach. Auf diese Weise entdecken alle Kinder kleine Geheimnisse und versteckte Klänge. Übrigens: Nachts hört man besonders viele solche Klänge – oder vor dem Einschlafen!

Unser Körper klingt!

In diesem Kapitel geht es um das Entdecken und Ausprobieren der „klingenden Eigenschaften unseres Körpers". Jedes Kind fühlt und hört seinen eigenen Körper und ist sich dadurch selbst ganz nah!

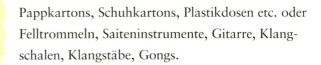

Fragen Sie die Kinder:
Wie klingt das Rascheln der Hände ganz nah am Ohr?
Wie klingt der dumpfe Klang des Brustkorbes, wenn wir mit unseren kleinen Fäusten darauf trommeln?
Wie klingt das Knispeln an unseren Fingernägeln, das vorsichtige Haareraschen?
Alles klingt ganz geheimnisvoll!
Wenn man sein Ohr auf den Bauch eines anderen Kindes legt, hört man auch ungeheuer viel: Da gluckert der Magen, das Herz klopft, den Atem kann man hören, beim Kauen macht man Geräusche und manchmal schnieft einer auch ein bisschen, das hört sich vielleicht komisch an!

Klangmassage

Immer wenn Musik erklingt, gerät die Luft in Schwingung. Wir spüren das als Vibration.
Für Kinder ist dieses Spüren der Schwingungen ein ganz besonderes Erlebnis. Denn Musik wird auf diese Weise im wahrsten Sinne des Wortes „begreifbar"!
Für dieses Spiel benötigen Sie schwingungsfähiges Material oder schwingungsreiche Musikinstrumente, zum Beispiel aufgeblasene Luftballons, kleine Pappkartons, Schuhkartons, Plastikdosen etc. oder Felltrommeln, Saiteninstrumente, Gitarre, Klangschalen, Klangstäbe, Gongs.

Zunächst spüren wir die Schwingungen an den Händen: Die Kinder halten einen Luftballon oder einen Pappkarton so mit beiden Händen fest, dass sie ihn mit den Handflächen weich umfassen. Alle bewegen sich in einem ruhigen Raum. Fordern Sie die Kinder auf, nicht zu reden, sondern sich auf die Handinnenflächen zu konzentrieren. Denn da passiert gleich etwas! Jetzt erklingt Musik und die Kinder spüren sofort die Schwingungen, sie hören Musik mit den Händen! Jede Tonhöhe, jede Lautstärke ist unterschiedlich zu spüren, besonders deutlich sind tiefe Töne.
Wo kitzelt es mich, wenn ein Kind spricht: in der Handfläche, außen, an den Fingerspitzen? Wo merke ich, wenn Nele lacht?
Wie weit spürt man die Schwingung noch, wenn man sich von der Musik entfernt?
Da kann ganz viel experimentiert werden.

Bei dem folgenden Spiel spüren wir die Schwingungen am ganzen Körper. Ein Kind legt sich mit dem Bauch auf den Boden. Wir legen eine Gitarre auf seinen Rücken und zupfen nur eine tiefe Saite an, immer wieder, im gleichmäßigen Rhythmus. Das Kind kann die Schwingungen überall spüren, an den Füßen, am Brustkorb, am Po. Bei Parkett schwingt sogar der Fußboden mit. Das ist eine wunderbare „Klangmassage" und völlig kostenlos!

> Führen Sie solche Spiele häufiger durch. Man wird mit der Zeit immer empfindsamer, und das führt zu einem völlig neuen Körpergefühl.

Geigen streicheln, Flöten umhüllen und Trommeln berühren mich

Aus der Musikpsychologie wissen wir, dass jedes Musikinstrument eine spezifische körperliche und seelische Wirkung auf den Hörer wie auch auf den Spieler hat. Geigen beispielsweise gehören zur Gruppe der „Streich"-Instrumente. Sie heißen deshalb so, weil sie mit einem Bogen gestrichen werden, aber im Wort steckt auch das „Streiche-l-n". Und so erleben wir es auch: Geigenklänge streicheln unseren Körper und unser Ohr. In gefühlvollen Situationen erklingt deshalb immer Streicherklang oder „strings".

Probieren Sie einmal aus, wie es auf die Kinder wirkt, wenn Sie einfach schöne, z. B. klassische Musik laufen lassen. Die Kinder liegen gemütlich in einem ruhigen Raum. Sie spielen von einem CD-Player eine instrumentale Musik. Lassen Sie einfach die Musik ohne Worte wirken oder geben Sie einige Impulse hinein, z. B.: „Ihr hört eine Melodie, die schwingt in euch hinein", oder: „Euer Atem fließt ganz weit zur Flötenmelodie", oder: „Wenn ich singe, summt einfach leise mit." „Jetzt kommt eine Musik, die streichelt euch. Ich bin gespannt, wo ihr das Streicheln gespürt habt." Das tut den Kindern sehr gut, es führt sie zur Ruhe und zu sich selbst.

Erzählen Sie folgende Geschichte den Kindern – mal hören, was die erzählen!

Der Ohrwurm

„Kennt ihr ihn auch – den Ohrwurm? Keiner hat ihn je gesehen, aber jeder kennt ihn. Manchmal springt er schon morgens aus dem Radio heraus und direkt in mein Ohr. Noch im Auto auf dem Weg zum Kindergarten ist er bei mir drin! Und das ist mir auch schon passiert: Ich höre meine Lieblingsmusik, gehe spazieren, und plötzlich merke ich, dass ich so vor mich hin singe! Wisst ihr was? Der Ohrwurm hat mich zum Singen gebracht!

Manchmal nervt er mich, weil er einfach nicht weggeht, aber eigentlich mag ich ihn. Denn meistens macht er mir gute Laune. Und abends, wenn ich im Bett liege, hole ich ihn einfach her. Ohne dass die anderen etwas hören, höre ich meine Gute-Nacht-Lieder einfach in mir.

Welcher Ohrwurm ist denn jetzt in euren Ohren? Horcht mal hinein!"

Was habt ihr nicht alles schon gehört!

Die akustischen Eigenheiten unserer Umwelt prägen uns in einem weit höheren Maße, als wir glauben wollen. Das wissen beispielsweise die „sound designer" von großen Automobil-Firmen sehr genau: Ein Jaguar-Motor muss einfach raubkatzengleich aufheulen und das Klacken einer Autotür darf nicht scheppern, sondern muss kraftvoll wirken. Achten Sie mal darauf, wenn Sie in Ihr Auto steigen!

Zurück zu den Kindern: Es ist ein wichtiges Erziehungsziel, sensibel zu werden für unsere akustische Umwelt; einerseits kritisch, etwa der Lärmbelastung gegenüber, andererseits aber auch genussvoll und wach für die Schönheiten und die Faszination unserer Umwelt, unserer „Klanglandschaften". Deshalb sind hier Spiele beschrieben, die dafür sensibel machen und die Lust am Horchen wecken.

Alltagsgeräusche

Mit folgendem kleinen Sprechvers werden die Kinder angeregt, sich alltägliche Klänge und Geräusche bewusst zu machen:

> „In unsrem Kindergarten, da hör'n wir allerhand. Immer wieder hör'n wir das, das ist uns wohlbekannt!"

Und dann erzählen sie etwas über das scheppernde Eingangstor zum Kindergartengelände, über den klappernden Geschirrwagen, über die Rutsche aus Metall, den Summer an der Eingangstür. Auch der Weg zum Kindergarten hat typische Geräusche.

In manchen Klängen ist ein Strahlen

Sicherlich kennen Sie das auch: Das Weihnachtsglöckchen erklingt und lädt die Kinder ins Weihnachtszimmer ein; erst dann ist wirklich Weihnachten! Eine solche Verbindung von besonderen Klängen und Erinnerung kann auch gezielt hergestellt werden:

Wählen Sie ein Instrument aus, das immer dann erklingt, wenn ein Kind Geburtstag hat.

Am Ende einer Woche wünschen sich alle Kinder ein gutes Wochenende. Dabei erklingt immer eine Triangel.

Wenn Sie den Kindern etwas besonders Schönes erzählen wollen, wird das durch einen Glöckchen-Klang eingeleitet.

Die Musik der Natur

Fragen Sie die Kinder: „Kennt ihr das Geräusch, wenn plötzlich viele Vögel hochflattern?"

Viele Klänge der Natur sind faszinierend. Trotz aller Technisierung haben sie nichts von ihrer unmittelbaren Wirkung verloren. Bei einem Spaziergang mit den Kindern bleiben alle stehen, schließen die Augen und hören erst mal hin. Dann versuchen wir, die gehörten Eindrücke mit der Stimme nachzuahmen. Auch beim Vorlesen eines Buches ahmen wir mit der Stimme die Klänge der Natur nach.

Wie klingt ein plötzlicher Windstoß? (tschuiii)
Wie klingt ein Tritt in den Kuhfladen? (schuwatzzz)
Wie schmatzt ein Igel? (...)
Wenn es frisch geschneit hat, ist es total still!

Es macht Kindern großen Spaß, spontan solche Stimm-Experimente durchzuführen. Man kann dies aber auch gezielt herbeiführen. Diese Form der Wahrnehmungs-Sensibilisierung fördert die Kinder in ihrer Konzentration und Kreativität, nebenbei auch in ihren Sprach- und Sprechfähigkeiten.

Klanggeschichten

Zunächst probieren die Kinder spontan und gemeinsam die Geräusche und Klänge der Natur mit ihrer Stimme aus. Dann sammeln wir einige der Vorschläge. Daraus wird das Ausgangsmaterial für eine aus dem Moment heraus erfundene Klanggeschichte.

> Das ist die Geschichte von einem kleinen Vogel, der ganz viel erlebt. Zuerst ist er im Wald und hört die Bäume rauschen und ächzen, nach einiger Zeit trifft er dort noch einen anderen Vogel, seinen Freund, den Specht. Zu zweit fühlen sie sich stark und beschließen, auf die Wiese am Rande des Waldes zu fliegen, zu den großen Kühen! Und was erleben sie da ...?

Weitere Themen können sein:
Was der Wind entdeckt ...
Die Geschichte vom Regenwurm, der erlebt, wie der Garten klingt ...
Sie werden feststellen, dass man nach solchen Spielen viel aufmerksamer auf die Klänge und Geräusche der Natur hört!

Die Geschichte vom „kleinen Klang"

Ich habe meinen Kindern manchmal zum Einschlafen kleine, frei erfundene Geschichten vom „Klabautermann" erzählt. Die Kinder hatten von dem Klabautermann eine genaue bildliche Vorstellung, auch wenn sie ihn noch nie gesehen hatten. Genauso kann es diesem frei erfundenen Wesen ergehen: dem „kleinen Klang". Er entspringt einer akustischen Erfahrung, die jeder gemacht hat, manchmal knarrt und knistert es irgendwo, man weiß nicht wo! Aber jetzt wissen wir, es ist „der kleine Klang"!

So können Sie ihn den Kindern vorstellen:

> Heute will ich euch ein Wesen vorstellen, das heißt „der kleine Klang". Und wisst ihr, was das Besondere an ihm ist: dieses kleine Wesen kann man gar nicht sehen, man hört es nur! Ich glaube, das ist so ein ähnliches Kerlchen wie der Klabautermann oder der Pumuckl. Aber von den beiden Burschen sah man wenigstens die rote Mütze oder die roten Haare. Den „kleinen Klang" aber, den kann man nur hören! Einmal habe ich ihn gehört, da war er auf der Suche nach einem Ruheplatz. Zuerst hörte ich ihn an der Fensterscheibe (gehen Sie an die Fensterscheibe und machen Sie leise Trippelklänge an der Scheibe), dann huschte er zum Schrank (da raschelt man ein wenig), trippelte übers Regal und dann endlich fand er sein gemütlichstes Plätzchen! Kinder, wer weiß, wo er wohl gelandet ist?
> Ein Kind hat vielleicht eine Idee: Es läuft hin und streichelt mit der Hand über das Sofa in der Kuschelecke, da hat er sich versteckt, denn das Streicheln kann man hören. So denken wir uns weitere Klangwege aus und gehen sie entlang, z. B. „Ich glaube, er war mal im Spieleschrank, und dann war er in Lenas Essensdose, ich hab's gehört!"

Musik geht in die Beine

Bei kleinen Kindern kann man es oft beobachten: Kaum erklingt Musik, da tanzen sie selbstvergessen vor sich hin; alles um sie herum ist verschwunden, sie erleben nur sich selbst und die Musik. Um diese direkte Umsetzung der Musik in Bewegung geht es in den folgenden Spielen. Sie teilen sich auf in zwei große Bereiche: Ausdifferenzierung der grobmotorischen Bewegungsabläufe und Anregungen zu Ausdrucksbewegungen. Für diese Spiele benötigen Sie genügend Bewegungsraum in der Turnhalle oder im Tobe-Raum.

> Mit folgenden Instrumenten lässt sich auf einfache Weise eine Bewegungsbegleitung durchführen: Handtrommel (ohne Schlägel), Klanghölzer, Flöte, Xylophon, Triangel, Zimbel, Rassel ...

Jetzt geht's los!

Musik erklingt, vom Band, mit der Trommel, der Stimme und die Kinder bewegen sich dazu so, wie sie möchten. Das ist das „warming-up" für Ohren und Körper. Wählen Sie eine möglichst lebendige Musik, die in die Beine geht und mit der die Freude an der Bewegung geweckt wird!

Bewegung und Stopp

„Ich spiele auf der Trommel und ihr bewegt euch dazu – aber nur solange die Trommel spielt! Wenn ihr nichts mehr hört, bleiben die Füße einfach stehen!"

„Bewegung und Stopp" ist die erste Form der Bewegungsdifferenzierung. Abwechslungsreich wird es für die Kinder, wenn die musikalischen Abschnitte und die Pausen dazwischen immer wieder anders gespielt werden. Mal laufen die Kinder lange, mal nur ganz kurz, mal bleiben sie länger stehen, bis wieder die Trommel spielt. Auf diese Weise bleiben die Kinder konzentriert und lernen hinzuhören und schnell zu reagieren.

Laut und leise, langsam und schnell

Dies ist eine Erweiterung des vorigen Spiels. Sie überlegen sich Gegensatzpaare, die Sie mit der Trommel oder den Klanghölzern spielen: Beginnen Sie mit schnellen Schlägen, sodass die Kinder schnell loslaufen – stopp – Pause. Und dann kommt der Gegensatz, jetzt spielen Sie langsam und die Kinder gehen langsam. Dann spielen Sie laut, sodass alle kräftig aufstampfen – stopp – Pause. Als Gegensatz bewegt man sich sehr leise und vorsichtig – stopp – Pause. Die kindlichen Bewegungsabläufe werden ausdifferenziert, aber auch das hörende Verstehen. Bei Wiederholungen dieses Spiels wissen die Kinder schon, welche Gegensatzpaare zusammengehören, z. B. auf einem Bein hüpfen oder auf beiden, kleine Schritte trippeln und große Schritte machen.

Wir spielen Karussell

Alle Kinder stehen hintereinander im Kreis, jedes Kind denkt sich aus, in welchem Karussell-Wagen es sich befindet. Wer steigt in die Feuerwehr, wer auf den Schwan? Ein Kind klingelt mit der Glocke und dann geht es los! Die Musik (z. B. eine Trommel) beginnt langsam. Allmählich wird sie schneller und schneller! Genauso allmählich wird sie irgendwann wieder langsamer und langsamer und bleibt am Ende stehen. Die Glocke klingelt, und wer noch mal Lust hat, fährt mit dem Karussell in die Gegenrichtung.

Fußmusik und Handmusik

„Jetzt mache ich Musik mal für die Füße und mal für die Hände. Hört genau hin, ob zuerst die ‚Fußmusik' kommt oder die ‚Handmusik'!"
Spielen Sie zu Beginn einige dumpfe Schläge in der Mitte der Trommel. Diese werden ganz sicher von den Kindern in Fußbewegungen umgesetzt. Anschließend kommen helle Schläge am Rand der Trommel – die Kinder klatschen dazu. Spielen Sie in einer regelmäßigen Reihenfolge, z. B.: „Stampf, stampf – Klatsch, klatsch" oder „S t a m p f, stampf, stampf – K l a t s c h, klatsch, klatsch". Durch die Wiederholungen erhält die jeweilige Bewegungsfolge einen tänzerischen Charakter. Einfache Abfolgen sind gut umsetzbar und vermitteln ein Erfolgserlebnis.

Eure Füße laufen so wie meine Hände auf der Trommel

Diese einfache Spielregel ist unglaublich variationsreich. Sie können damit alle möglichen Spielarten der Grundbewegungen mit den Kindern so üben, dass sie immer hörend reagieren. Ob Sie laufen, gehen, schleichen, kriechen, alles spielen Sie auf der Handtrommel und die Kinder setzen es in Bewegung um. Sie können beobachten, ob die Kinder noch Lust oder Kraft haben, Sie sehen, wo Defizite sind und wie Sie wieder neue Energien aus den Kindern herausholen.

Die Tiere kommen

Sie spielen wieder auf der Trommel, aber diesmal deuten Sie an, dass die Tiere kommen. Nur nach Gehör setzen die Kinder die Musik in Ausdrucksbewegungen um: Da sind trippelnde Vögel, kriechende Schlangen, hüpfende Pferde, schwerfällige Elefanten. Alle kommen aus Ihrem Trommelspiel. Wir verraten vorher nicht, welche Tiere kommen, „die Trommel erzählt es, hört mal hin!".

Hörrätsel

„Ich spiele jetzt Musik und ihr ratet, ob ich euch in einen Hasen verzaubere oder in einen Löwen."
Diese Aufgabenstellung verlangt genaues Hinhören. Aber da Sie den Kindern nur zwei Tierarten zur Auswahl vorschlagen, kann man sie sicher sofort erraten und dann stolz wie ein Löwe im Raum umherschreiten.

Hören lernen

Aufmerksames Hören weckt den Geist. So seltsam es klingt, aber es stimmt: „Zuhören" sieht man an den Augen! Es ist beeindruckend, die Augen der Kinder zu beobachten, wenn sie wach, lebendig und gleichzeitig konzentriert bei der Sache sind! Deshalb wollen wir Hörübungen so gestalten, dass die Kinder sich angesprochen fühlen; dann entwickelt sich das Zuhören ganz von alleine.
In den folgenden Spielvorschlägen findet auf spielerische, aktivierende Weise eine Schulung des Gehörs statt. Folgende Bereiche werden geübt: Richtungs- oder Orientierungshören, analytisches Hören, Entwickeln von musikalischem Gedächtnis, Erkennen von Tonhöhen und Tonschritten.

Hinweis:
Hörübungen dürfen nicht zu lange durchgeführt werden! Es ist gut, wenn sich entspannende Angebote oder Bewegungsspiele anschließen.

Wo kommen die Geräusche her?

Die Kinder sitzen im Stuhlkreis. Ein Kind wird aufgefordert, aus dem Stuhlkreis zu gehen und im Raum versteckt etwas zum Klingen zu bringen. Das kann ein Geräusch aus dem Raum sein oder ein Instrument. Alle anderen Kinder machen die Augen zu und hören aufmerksam auf die Geräusche. Dann zeigen sie mit geschlossenen Augen dorthin, wo sie das Geräusch hören.
Schwieriger wird es, wenn zwei oder mehrere Kinder sich im Raum verteilen und man nicht weiß, wer zuerst kommt oder welche Kinder gleichzeitig spielen! Achten Sie darauf, dass es nicht zu verwirrend wird!

Das Echo

Immer zwei Kinder haben ein gleiches Instrument. Ein Kind sitzt mit einer Trommel im Stuhlkreis, das andere versteckt sich mit seiner Trommel im Raum. Das Kind im Stuhlkreis beginnt eine kurze Idee zu spielen, das andere spielt dasselbe als Echo. Dann ist der versteckte Trommler dran und das Kind im Stuhlkreis antwortet. Das Echo-Spiel lässt sich gut erweitern, wenn noch ein zweites Instrumenten-Paar hinzukommt, zwei Klanghölzer oder zwei Rasseln. Wenn es zwei Trommel-Paare gibt, muss man gut aufpassen, wer wem zuspielt! Und vielleicht schleicht der versteckte Trommler auch noch im Raum herum und trommelt dann immer von woanders!

Tipp:
Man kann dieses Spiel auch mit den „Körperinstrumenten" (Klatschen, Patschen, Stampfen) spielen und die ganze Gruppe antwortet als großes Echo.

Die Geschichte vom schüchternen Glöckchen

Alle Kinder machen Raschelgeräusche mit den Händen, Tippelgeräusche mit den Füßen oder Gebrummel mit der Stimme – und plötzlich erklingt ein ganz anderer Klang: ein Glöckchen! Das Spiel lässt sich in eine Geschichte kleiden.

„Es war einmal ein schüchternes Glöckchen, das traute sich nicht alleine in die Welt. Aber dann hört es am Geraschel und Fußgetrappel, dass Kinder da sind. Da traut es sich herauszukommen und zu klingen. Denn die Kinder sind freundlich zu ihm. Hört ihr es auch, obwohl es überall tüchtig raschelt?"

Ein anderes Mal spielen wir mit einem anderen Klang: ein Sington, ein Pfeifen oder andere schöne akustische Überraschungen.

Wer ist denn das?

Drei Kinder sind unter einer Decke versteckt. Ein Kind sagt etwas unter der Decke und die Gruppe muss raten, wessen Stimme es war. Wer richtig geraten hat, darf als Nächster unter die Decke. Welche weiteren akustischen Eigenheiten der Kinder gibt es noch? Daniel schnieft immer ein bisschen, Lena singt gerne vor sich hin. Keiner lacht so wie die Gruppenleiterin und der Zivi nuschelt ein bisschen. In der Art zu weinen ist auch jeder einmalig!

Instrumente sprechen!

Die Unterschiede von Tonhöhen zu erkennen, fällt vielen Menschen schwer, nicht nur Kindern. Ein Differenzierungsweg kann vom Erkennen heller und dunkler Klänge zum Hören von Tönen und Tonschritten führen. Es braucht Übung, aber jeder kann sich darin entwickeln.

Ein Spielvorschlag:
Wir hören uns verschiedene Instrumente an, haben sie helle oder dunkle Klänge? Eigentlich ist das ganz einfach, denn im Namen ist auch ihr Klang versteckt: Hört ihr die Tr i angel, die Z i mbel (helle Klänge); was sagt die Tr omm el (ein dunkler Klang)? Wie klingt das Kl angholz: klack, klack, klick (kurz) und die Ra ssss el (scharf) und der Gooongg (lang)?

Wie verwandelt man diese Erkenntnisse in ein Spiel? Jedes Kind bekommt ein anderes Musikinstrument in die Hand und die Kinder stellen sich in der Reihenfolge der Klanghelligkeit auf. Jetzt spielen sie nacheinander oder alle gleichzeitig, und immer ein Kind hört auf, bis nur noch der dunkelste Klang zu hören ist.

Ton-Leitern und Klang-Wege

Die einzelnen Klangstäbe aus dem Orff-Instrumentarium stehen oft vergessen in einem Pappkarton. Dabei können wir sie hervorragend zum spielerischen Verständnis von Musik nutzen: Töne, Tonschritte, Zusammenklänge, alles können wir damit deutlich machen.

Hier einige Anregungen:
Wir stellen eine Reihe von Klangstäben mit maximal 5 Tönen als „Ton-Leiter" im Raum auf dem Boden auf, z. B. die Töne C – D – E – F – G. An jeden Klangstab setzt sich ein Kind mit einem Schlägel in der Hand. Jetzt spielen wir, dass die Kinder Klangwege gehen oder eben echte „Ton-Schritte"! Ein Kind geht an den Klangstäben entlang, die anderen singen die Schritte mit.
Was ist denn das für ein „Tonweg": C, D, E, F, G – G, A, A, A, A, G?

Höhlensafari

Eine Klanggeschichte für einen Erzähler und Instrumente

3 Töne: E (Emilia), G (Gesa), H (Hanna)
(Klangstäbe)
die Luft: Rassel und Stimmen der Kinder
das Trommelfell: Handtrommel
die Gehörknöchelchen: 3 Paar Klanghölzer
die Flüssigkeit: ein Xylophon

Es waren einmal drei Töne, die hießen Emilia, Gesa und Hanna *(jeden Ton 1x anspielen)*. Schön sahen sie aus: Immer, wenn sie sich bewegten, schwangen sie hin und her. Gleichzeitig hatten sie aber auch Lust auf Abenteuer und Entdeckungen. Sie zogen gerne herum und erlebten dabei immer irgendetwas Spannendes.

Eines Tages waren sie wieder unterwegs, schwebten durch die Luft *(leise die Töne spielen)* und waren gespannt, was ihnen heute passieren würde. Plötzlich merkten sie, dass da ein Luftzug entstand! Er zog sie mit, es war fast wie auf einer breiten Luft-Rutschbahn *(leises Rascheln mit Rassel und Stimmen der Kinder)*.
(Das Außenohr)

Oh, und da sahen sie, wohin sie getragen wurden: Der Weg wurde enger und enger, fast wie ein Schlauch. ### (Der Gehörgang)

Mit Überraschung stellten sie fest: Sie befanden sich im Eingang zu einer Höhle! Die Höhle war verschlossen, aber vor dem Höhleneingang spannte sich ein großes, zartbraunes Fell. Emilia, Gesa und Hanna gingen näher an das Fell heran, ganz weich fühlte es sich an, es war gespannt und bewegte sich langsam hin und her *(leise Trommelschläge)*.
(Das Trommelfell)

Aber was geschah da plötzlich mit unseren drei Abenteurern? Kaum, dass sie näher an das Fell herangegangen waren, da waren sie auch schon dahinter. Ohne dass sie wussten, was mit ihnen geschah, waren sie drinnen, sie befanden sich mitten in einer Höhle! Trotz des ersten Schreckens hatten Gesa, Hanna und Emilia gar keine Angst. Denn es war warm in der Höhle und eine leichte Luftbewegung war zu spüren *(leises Rascheln und Stimmen der Kinder)*. ### (Das Mittelohr)

Sie schauten sich um und stellten fest, dass die Höhle nicht leer war, außerdem hörten sie ein gleichmäßiges Klopfgeräusch *(3 Klanghölzer)*. Als sie nachschauten, wo das Geräusch herkam, sahen sie drei Gegenstände, die miteinander verbunden waren: Der erste berührte das Tor-Fell von innen, wie ein kleiner Hammer sah er aus. Und dieser Hammer schlug gleichmäßig auf einen flacheren Gegenstand *(1. Klangholz)*, ähnlich wie ein Amboss *(2. Klangholz)*, genau so wie der, den ein Schmied zum Hämmern von Hufen benötigt. Der Dritte war ganz leicht zu erkennen: Er hatte die Form eines Steigbügels, so wie man es bei den Pferden kennt *(3. Klangholz)*. Und das Tolle war – Hanna hatte es erkannt und zeigte es den beiden anderen: Genau so wie sich das Tor-Fell bewegte, so bewegten sich der Hammer, der Amboss und der Steigbügel hin und her *(Trommel und Klanghölzer)*.

(Die Gehörknöchelchen)

Allmählich bekamen sie das Gefühl, richtige Höhlenforscher zu sein. Denn Gesa hatte schon entdeckt, wo es weiterging: hinter dem Fuß des Steigbügels! Als Hanna und Emilia näher kamen, sahen sie es auch: Sie konnten durch eine fast durchsichtige Öffnung sehen, wie ein ovales Fenster sah sie aus. Und was war alles dahinter! Alle drei gingen ganz nah heran, um es besser zu erkennen: Jetzt wurden sie richtig aufgeregt, denn da schien es mehrere Höhlengänge zu geben! Die drei drückten sich die Nase platt am Fenster – und wieder passierte dasselbe wie vor dem Fell-Tor: Ehe sie sich's versahen, waren sie in der nächsten Höhle! „Wisst ihr, wo wir sind? Wir sind in einem Labyrinth!", rief Emilia ganz begeistert! „Los, wir laufen los!" Und hast du nicht gesehen, so rannte eine jede los. Die drei waren so begeistert, dass sie gar nicht merkten, dass jede einen anderen Eingang wählte und auch nicht, dass es feucht hier drin war, sie schwammen in schöner, warmer Flüssigkeit *(Xylophon-Klänge)*. Und plötzlich waren alle drei wieder da. „Ist das toll!", riefen sie durcheinander. Wunderbare Gänge öffneten sich vor ihnen, jede probierte die anderen aus und immer wieder trafen sie sich in der Höhle.

(Die Bogengänge)

Ganz aus der Puste ruhten sich Hanna, Gesa und Emilia aus. „Ist das schön hier!", meinte Gesa. Und dann fanden sie noch einen weiteren Gang, der war auch mit Flüssigkeit gefüllt und dazu belegt mit einem weichen flauschigen Teppich voller feinster Härchen *(Xylophon)*.
Die drei Töne glitten dahin, und da merkte jede, dass sie sich jeweils zu einem ganz bestimmten Platz in diesem Gang hingezogen fühlte. Emilia ruhte sich als Erste aus, dann Gesa und zuletzt Hanna. Die weichen Teppichfasern erzitterten leicht, als sie berührt wurden.
Wie sah diese Höhle aus: Sie war geformt wie eine Schnecke, bis zur Spitze führte der Weg und wieder zurück, bis man den Ausgang fand durch ein Fenster und ab durch eine Röhre.

(Die Eustachische Röhre)

Später erfuhren die drei Töne, wodurch ihre Reise sie geführt hatte. Wisst ihr es auch?

(Das Ohr)

Aber, wisst ihr was, die Töne blieben nicht im Ohr liegen! Heimlich hängten Hanna und ihre Freundinnen sich an dünne Seile,

(Die Nerven)

mit denen schwangen sie hoch hinauf ins Gehirn! Dort ruhten sie ein wenig aus und kamen eines Tages wieder, um uns diese Geschichte zu erzählen *(alle drei Töne spielen noch einmal gleichzeitig)*.

2 Entdeckungsreisen mit der Stimme

Singen kann man nie genug!

Eigentlich gibt es niemanden, der nicht singen kann. Selbst der kann singen, dem es Schwierigkeiten bereitet, Worte zu formulieren.
Was braucht man zum Singen: Stimmbänder, ein Zwerchfell, die Atmung, den Körper als Resonanzraum – alles ist vorhanden und dennoch behaupten immer mehr Menschen von sich, nicht singen zu können! Das ist ein großer Verlust, denn Singen ist die spontanste, elementarste und intensivste Möglichkeit, auf musikalische Weise Gefühle zu äußern.
Die Ursachen dieses Phänomens sind komplex und auch nicht einfach zu lösen. Einige Aspekte sollen kurz angesprochen werden. Letztlich sind es grundlegende gesellschaftliche Veränderungen, die das Verhalten des Einzelnen bestimmen.

Die Medien

Die Medien nehmen uns das Singen ab. Selbst an Weihnachten müssen wir nicht mehr singen, es gibt genügend CDs mit Weihnachtsliedern für jeden Geschmack. Sie sind so perfekt aufgenommen und technisch hervorragend aufbereitet, dass daneben eine einfache, natürliche Stimme eher peinlich erscheint. Da bleibt man lieber stumm oder singt höchstens beim Refrain mit.

Der Bruch in der „Singetradition"

Viele deutschsprachige Menschen bekommen bei dem Wort „Volksmusik" ein unangenehmes Gefühl, denn in unserer Geschichte ist es zu sehr missbraucht worden. Man singt nicht mehr „auf Fahrt", auf Familienfesten oder Feiern. Singen kommt vielen sehr rückständig vor. Viele andere Länder und Kulturen kennen diese Probleme nicht und können ihre eigenen Lieder viel unbefangener singen. Wählen Sie Lieder aus, die Sie gerne mögen und die Sie mit den Kindern gerne singen möchten. Suchen Sie nach Liedern, die Kinder zum Mitmachen anregen. Kinder brauchen ein Lied-gut, ein Gut-haben im ureigensten Sinne des Wortes. Wählen Sie einige Lieder aus, die für Kinder einen Erinnerungswert behalten, ihr Leben lang. Wählen Sie kurze Lieder, die alle zusammen auswendig singen können und die Sie immer wieder nutzen können.

Kinder benutzen ihre Stimme noch sehr gerne, sie lieben Spielereien mit der Stimme. Doch auch für Erwachsene ist Singen sinnvoll: Singen kann befreien, es stärkt die Persönlichkeit, es ist ein Labsal für die Seele und den Körper. Deshalb sind im folgenden Ratschläge gesammelt, die der Stärkung der eigenen Singstimme dienen.

Tipps zum Mutmachen

Summen Sie einfach immer mal wieder vor sich hin. Sie werden sehen, das hebt auch Ihre gute Laune!
Stimmbildnerisch gesprochen: Formen Sie ein weiches „mm", die Lippen liegen locker aufeinander, sodass es leicht kitzelt.

„Kauen" Sie Ihren Summton, dadurch lockert sich der Unterkiefer und die muskuläre Aufhängung des Kehlkopfes kann frei werden.

Kosten Sie Ihr Gähnbedürfnis so richtig aus. Dadurch entsteht eine vertiefte Atmung, die Kiefermuskulatur wird gelockert, der Rachenraum wird frei.

Räkeln Sie sich immer mal wieder voller Genuss mit „mm" und „ah". Die Rippenmuskulatur wird gedehnt, Ihr Lungenvolumen erhöht sich, die Töne kommen so richtig aus dem Bauch heraus.

Spielen Sie Rutschbahn mit Ihrer Stimme mit einem „nnn". Schonen Sie Ihre Stimme: erst eine Kinder-Rutschbahn, dann die vom Spielplatz, bis allmählich eine Rutschbahn aus einem Erlebnis-Bad oder eine Achterbahn daraus wird. Auf diese Weise wird der Tonumfang erweitert. Sie können spüren, wie Sie allmählich wieder höher singen können.

Rutschbahn-Klänge sind immer gut, zunächst immer von oben herab, mal auch mit w-w, s-s-s, mh, nju. Die Gleitklänge oder „Glissandi" bringen die Stimmbänder gleichmäßig zum Schwingen, auf diese Weise werden viele Muskelstränge im Kehlkopf sanft gestärkt.

Seien Sie freundlich zu Ihrer Stimme, überfordern Sie sie nicht. Jeder Mensch hat eine ganz eigene, besondere Stimme und jede klingt schön – manchmal ist sie nur etwas ungeübt. Freuen Sie sich über Ihren eigenen Gesang, dann tun die anderen das auch!

Wenn Sie Lust haben, singen Sie einfach die Melodien, die Ihnen gerade durch den Kopf gehen. Es hat schon einen Grund, dass genau diese Ohrwürmer bei Ihnen hängen geblieben sind! Denn meistens sind es eingängige, schöne, eben oft auch singbare Melodien. Deshalb setzen sie sich im Gedächtnis fest.

Machen Sie im Kindergarten manchmal eine radio- und kassettenfreie Zeit (so wie spielzeugfreie Tage). Dann hört man wieder das eigene Singen und das der Kinder ganz neu.

Hören Sie den Kindern zu, wenn diese beim Spiel vor sich hin singen. Man kann dabei viel über die kindliche Art zu singen erfahren.

Nutzen Sie Kuschelsituationen mit Kindern. Es sind Summ- und Singe-Situationen. Den Kindern tut es gut, denn das Singen unterstützt durch die gemeinsamen Schwingungen die Erfahrung von Nähe und Geborgenheit.

Singen Sie beim Vorlesen oder versuchen Sie die Vorlese-Stimme zu variieren, dann enthält auch die Sprechstimme Musik.

Singen Sie am besten täglich! Singen tut gut!

Das Geheimnis des Atems

Das Körperinnere ist für Kinder ein großes Geheimnis, ein spannendes Geheimnis, aber auch ein unheimliches. Manchmal tut es drinnen weh, oder man hört es glucksen und klopfen! Der Atem kommt aus dem Körperinneren und geht wieder hinein. Durch den Atem bewegt sich der Körper, der Atem schafft somit eine ständige Verbindung von innen und außen. Daher sind Atemspiele faszinierend für Kinder. Sie führen sie zu sich und helfen ihnen, sich auf sich selbst zu konzentrieren. Aus pädagogischer Sicht sind wir aufgefordert, immer wieder Atemspiele durchzuführen, denn eine gute und vertiefte Atmung stellt einen ganzheitlichen Beitrag zur Gesundheitserziehung dar!

Das große „Ah", das kleine „Oh" und das freche „Eh"

„Kennt ihr alle das große Ah, das kleine Oh und das freche Eh? Nein? Dann passt mal auf, stellt euch hin und schafft euch soviel Platz, wie eure Arme breit sind!"

Alle Kinder verteilen sich im Raum und dann beginnt das Spiel:

Alle Kinder laufen auf der Stelle, immer schneller, bis es fast nicht mehr schneller geht. Dann breiten alle die Arme im großen Bogen aus mit einem erleichternden, begeisterten „Ahhh-Ah!". Noch mal, ganz intensiv; Sie machen es einfach vor, ohne wortreiche Erklärungen.

Alle führen ihre Hände vor sich zusammen, formen sie zu einer kleinen Kugel, so als ob sie etwas Zartes beschützen wollten, und sprechen leise hinein: „Oh—oh!"

Und jetzt werden wir richtig frech, boxen in die Luft, überall hin, und rufen dazu: „E-hey-eh!" Zum Schluss ein befreiendes „Ah", ohne Füßetrampeln, das in ein friedliches Summen übergeht.

Das wunderschöne, weiche, runde „Mm"

Bei diesem Spiel werden die Resonanzbereiche im Körper erfahren. Die Kinder liegen auf dem Boden oder sitzen entspannt auf Stühlen.

„Kinder legt mal eure Hände auf euren Bauch. Merkt ihr, wie er sich immer wieder auf und ab bewegt? Wisst ihr, was das ist? Da schwingt etwas hin und her, mit eurem Atem. Da ist ein wunderschöner, weicher, runder Klang! Hört ihr, wie wir ihn singen: ‚Mmm——m'. Dieser wunderschöne, weiche, runde Klang wärmt den Bauch von innen, er tut uns richtig gut. Und jetzt wandert er herum, ‚mmm', begleitet ihn mit euren Händen: mal ein wenig höher auf dem Bauch, ‚mmm', dann wieder herab, kreisend, ganz gemütlich, ‚mmm'. Und wo ruht er sich bei euch aus?"

Der warme Hauch und der kalte Luftzug

„Stellt euch vor, eure Hände sind eine Blüte. Anfangs ist sie noch geschlossen (die Hände sind nah am Mund aufgerichtet nebeneinander). Da kommt ein warmer Lufthauch (ein weiches, gehauchtes ‚hhha' in die Handinnenflächen hinein), und siehe da, da öffnet sich die kleine Blüte ganz langsam, sodass sie den warmen Lufthauch spüren kann. Aber plötzlich rauscht ein kalter Luftzug daher (ein intensives ‚fffff'), und sofort schließt sich die Blüte wieder! Aber nach einer Zeit wird es wieder wärmer, die Blüte öffnet sich langsam (hhha), da, oh Schreck! – es wird wieder kalt (fffff)! Zum Glück gewinnt der warme Lufthauch am Ende und die Blüte öffnet sich ganz weit (hhha – ein langer, warmer Atemzug)!"

Silkes Hit

Der Kindergarten-Hit meiner Kollegin Silke zum Thema Ausatmen wird vielleicht auch Ihr Hit: Alle probieren das Ein- und das Ausatmen, das tief Luft holen und das lange Ausatmen aus. Wer kann am längsten ausatmen? Da man den Atem nicht sehen kann, wird er mit folgender Spielregel hörbar gemacht: Jedes Kind darf solange die fürchterlichsten Schimpfwörter sagen, wie sein Atem reicht! Wehe dem, der einfach zwischendrin wieder Luft holt! Das ist verboten! Dann kommt sofort der Nächste dran!

Unser Hallraum

Raten Sie mal, wo Singen am besten klingt? Man muss nicht in ein Musikstudio oder in eine Kirche gehen, im Waschraum unseres Kindergartens klingt es am besten! Die gefliesten Wände und der Steinfußboden ergeben einen guten Hallraum, da klingen Töne lange nach.
Also schnell hin und gemeinsam dort singen – keine Lieder, denn das verwischt, sondern reine Töne, lange Töne, hohe Töne, tiefe Töne, mal laut und kräftig, aber auch absolut leise, bis nur noch der Atmen zu hören ist.

Schatzsuche für die Hände

Wie beim Spiel mit den Trommeln und Luftballons können wir auch in unserem Körper Schwingungen spüren: Wenn wir summen, schwingen die Hohlräume in unserem Körper mit und geben dem Ton die nötige Resonanz.
Heute findet eine Schatzsuche im Körper statt! Die Kinder tun sich zu zweit zusammen, ein Kind legt sich auf dem Boden und brummelt oder summt gemütlich vor sich hin. Das andere Kind fühlt mit den Händen, wo es bei dem summenden Kind kitzelt. Das ist die „Schatzsuche für Händesucher".
Die Kinder spüren die Vibration, die Schwingungen des Tones im Körper.
Besonders gut lässt sich das Kitzeln auf dem Brustkorb fühlen. Man spürt es auch am Hals, an der Nase, selbst am Mund. Wer sich nicht von anderen befühlen lassen will, spürt einfach bei sich selbst nach. Auch die Vokale geben Resonanz: das „a" schwingt im Brustbereich, das „i" am Hals, das „u" an der Nase, auch das „n" spürt man dort.
Es ist gut, öfter solche Resonanzübungen durchzuführen. Sie entlasten die Stimme, lockern und führen zu einem vollen Stimmklang. Außerdem fördern sie die Durchblutung!

> **Hinweis:**
> Atemspiele dürfen nicht zu lang durchgeführt werden!

Singen kommt aus dem Körper

Unsere erste Lautäußerung ist Gesang. Da bricht ein Schrei bei der Geburt aus dem kleinen Körper heraus, manchmal kommt auch nur ein zarter Laut, aber hier findet unsere erste stimmliche Lautäußerung statt! Ob ein Baby juchzt, schreit, brummelt, knötert oder lallt – alles ist Gesang. Der Gesang tritt später nur in etwas kultivierterer Form auf. Viele Lieder lassen sich auf diese stimmlichen Grundformen zurückführen: das Schreien der Heavy-Metal-Sänger, der Juchzer der Alpenjodler, die friedlichen Gesänge in religiösen Liedern. Beim Kleinkind können wir hervorragend beobachten, wie die Stimme aus dem ganzen Körper kommt. Es wäre optimal, wenn wir uns als Erwachsene mit den Kindern wieder in eine so elementare Lust an der Lautäußerung begeben könnten. Denn Singen bedeutet nicht nur Lieder singen, sondern ist an erster Stelle ein emotionaler Ausdruck von Klang und Geräusch.

Die folgenden Spielvorschläge sollen dazu anregen, unbelastet wieder ein solches Körper-Singe-Gefühl herzustellen. Das stimmbildnerische Prinzip ist die Verbindung von Bewegung, Stimme und Ausdruck.

Singprozession

Mit einer „Singprozession" reihen wir uns in eine fast archaisch zu nennende Singtradition ein: das feierliche, vom Gesang begleitende Gehen. Wir finden es wieder in liturgischen Prozessionen, auf Demonstrationen und auch im jährlich wiederkehrenden „Laterne-Gehen" der Kinder! Vielleicht wird daraus eine neue, alte Tradition? Es gibt viele Anlässe!

Draußen sind die ersten Frühlingsboten sichtbar, wir begrüßen sie mit einem singenden Umzug durch den Garten. Singend begrüßen wir die Sonne, die Erde, wir freuen uns, dass es Frühling wird. Und die stimmbildnerische Wirkung? Durch die gleichmäßige Bewegung lockert sich der Stimmapparat und die Atmung wird gleichmäßig, auf diese Weise lässt es sich leichter singen.

Hopp, hopp, hopp

In alten Kinderliedern finden wir Klangworte, die einen Bewegungsimpuls auslösen: Zum „Hopp, hopp, hopp, Pferdchen, lauf Galopp!" wurden die Kinder auf dem Schoß auf und ab geschaukelt. Oder im Lied „Heißa Kathreinerle, schnür mir die Schuh!" wurden alle mit dem „Heißa" in Schwung gebracht.

Versuchen Sie es auch einmal und begleiten Bewegungsabläufe von Kindern mit der Stimme: Mit dem „Hui!" dreht sich alles einmal um sich selbst, „bomm, bomm, bomm" regt an zu gemütlichem Stapfen; das „pa-ta, pa-ta" ist ein stimmliches Abbild für bewegtes Gehen.

Probieren Sie es aus, wenn Sie die Kinder zu Bewegungen anregen wollen. Sie werden ganz neue Klangworte entdecken! Was könnte man für Lautformen erfinden zum Hüpfen, zum feierlichen Gehen, zum wütenden Aufstampfen?

Malen mit der Stimme

Ein Spiel für die Erweiterung des „Tonraumes".
Die Kinder stehen im Raum verteilt und haben viel Platz um sich herum. In einer Art Rollenspiel führen die Kinder das aus, was Sie ihnen erzählen.
„Stellt euch vor, ihr seid ein berühmter Maler. In der einen Hand habt ihr die Farbpalette, in der anderen Hand einen weichen, breiten Pinsel. So, nun stellt euch vor eurer Staffelei auf. Es geht los: Farbe nehmen (jedes Kind überlegt schnell, ob es Rot nimmt, Blau oder Grün!) und große Linien malen. Ja, ihr seid jetzt ein ‚Singe-Maler'! Alle Linien, die ihr malt, singt ihr auch. Hoch geht es (huiii!) und wieder herab (huuu), da ein paar Tupfer (dup, dup, dup, dup) und nun ein Kreis.
Gemalte Wellen sehen sehr gut aus und sie klingen gut, wenn man sie singt (die Melodie-Linie geht auf und ab). Versucht mal, ganz oben im Bild zu malen (dann sind die Maltöne ganz hoch und hell), oder entwerft richtige Rutschbahn-Linien (ein Gleitklang abwärts). Na, wie sieht euer Klangbild aus?

Mein Körper ist ein Kontrabass!

Ein Spiel für Bewegung und Ruhe, für Rollenspiel und Entspannung. Spielen Sie mit den Kindern zunächst ganz lebhaft großes Orchester, mit Gestik, Stimme und allem, was dazu gehört: Alle sind wilde Geiger, begnadete Flötisten, vehemente Trommler, elegante Dirigenten, dicke Posaunisten, so lange, bis man sich ausgetobt hat – und wie bei einem echten Orchester endet es mit Klatschen, Verbeugen, Schluss.

Anschließend (und jetzt beginnt der eigentliche stimmbildnerische Teil) liegen alle ganz zufrieden auf dem Boden, ruhen sich aus vom großen Konzert, atmen einmal tief aus, so tief, dass die Atemluft beim Einatmen wieder bis in die Füße strömt.

Und da geschieht es: *(Erzählen Sie in der Art einer Fantasiereise mit ruhiger Stimme und Pausen dazwischen.)*

Merkt ihr es, der gesamte Körper verwandelt sich, er wird groß und weit, so weit wie das größte Musikinstrument, und das ist der Kontrabass. Euer Kontrabass ist aus dunklem Holz und innen drin ganz warm vom tiefen, weichen Klang.
Und nun klingt der erste Ton, er kommt von unten, von den Fußsohlen – der Ton schwingt hin und her „n-n-n", ein gemütlicher Ton mit eurem Atemstrom. Und nun wandert der Klang weiter, die Beine hinauf – „m-m" und breitet sich aus, im ganzen Bauch – im Brustkorb – in den Armen. Euer Kontrabass klingt jetzt richtig kräftig, wie ein guter alter Großvater-Kontrabass, wie ein „aaa".
Legt eure Hände auf den Bauch, sie sind der Bogen, mit dem wir über unseren Kontrabass-Bauch streichen, wir summen und brummen eine gemütliche Musik ... (so lange, wie es den Kindern gut tut).
Allmählich wird der Ton wieder leiser und leiser, die Hände bleiben ruhig liegen, wir atmen noch einmal kräftig aus – und nach einiger Zeit werden wir wieder die Kinder, die wir vorher waren. Aber für unser Kontrabass-Konzert klatschen wir alle noch einmal tüchtig in die Hände! Bravo, Opa Kontrabass!

Singen ist Training für die Sprache

Es gibt Stimmen, denen man beim Erzählen gerne zuhört. Man spricht davon, dass jemand „klangvoll" redet oder nicht „ein-tönig". Das Geheimnis liegt in der Musik: Dieser Mensch hat eine lebhafte Sprachmelodie, ein angenehmes Sprechtempo, seine Sätze unterliegen einem bestimmten Sprechrhythmus.

Kinder spielen gerne mit „Wort-Musik". Zungenbrecher, Unsinnsworte, Lieder wie die „Drei Chinesen mit dem Kontrabass" sowie zahlreiche Sprechverse geben ein reichhaltiges Zeugnis ab von der kindlichen Lust an Sprachspielereien.

Im Folgenden werden Anregungen zum spielerischen Umgang mit der Stimme gegeben, die ganz gezielt den musikalischen Anteil der Sprache fördern. Wer eine lebendige Sprechstimme hat, überzeugt; in diesem Sinne ist Sprachförderung auch Persönlichkeitsförderung.

Bei den Katzenkindern

Eine Klanggeschichte nur für Stimmen.

Wisst ihr, wo ich gestern war? Ich war bei meiner Freundin zu Besuch. Sie hat eine richtig liebe Katze. Das merkt man schon, wenn man sie miauen hört. Macht ihr auch mal so? *(Alle Kinder machen: „miiaauuuu")*. Manchmal streicht sie um meine Beine und schnurrt zutraulich *(njjjjnjjjn)*. Dann nehme ich sie auf meinen Schoß und wir beide maunzen und schnurren um die Wette! Wisst ihr, warum sie auch so lieb ist? Sie ist eine Katzenmama! Drei junge Kätzchen liegen bei ihr im Korb und alle sind verschieden!

Das älteste ist schwarz-weiß getigert, deshalb heißt es natürlich auch? – Tiger! Das ist das frechste Kätzchen, man hört das sofort an seinem Miauen *(„mia, mia, mia" kurze, freche Laute)*.
Das zweite ist schon jetzt ein echter Katzen-Clown, und so sieht es auch aus. Das albert herum, auch mit seinem Gemaunze *(unterschiedliche Maunz-Klänge)*. Aber bei dem dritten Kätzchen, da musste ich nah an das Körbchen gehen, es schlief noch, schnaufte leicht, ich glaube, es träumte von etwas Wunderschönem, so zart maunzte es vor sich hin *(sehr leises maunz)*. Was denkt ihr, wie es heißt?
Ihr könnt euch vorstellen, dass die Katzenmama beschäftigt ist – besonders wenn Felix, der Hund, den Katzenjungen zu nahe kommt. Die Katzenmutter sträubt ihr Fell, zischt ihn an und miaut, dass sogar ich Angst vor ihr bekomme *(Zisch-Laute, lautes Miauen)*!
Aber ich freue mich jedes Mal, wenn ich wieder mit ihr spielen kann. Habt ihr auch Lust, Katzenfamilie zu spielen?

Dieses Stimmspiel kann man auch mit vielen anderen Situationen durchführen:
Im Zoo: Da kreischen Affen, heulen Hyänen, sprechen Papageien, gurren Tauben, trompeten Elefanten, und die Fische im Aquarium sind stumm, sie bewegen nur das Maul auf und zu.
Beim Autorennen: Da gibt es verschieden schnelle Autos, die fahren an, bremsen, legen sich in die Kurve und als Überraschung kommt ein Fahrradfahrer mit Klingeln daher.

Das Löwenbaby ist weg!

Inszenieren Sie ein kleines Rollenspiel für Löwenmutter und Löwenvater sowie das Löwenbaby und ganz viel Urwald-Klang.
Zwei Kinder sind Löwenvater und Löwenmutter. Sie leben im Urwald mit ihrem kleinen Löwenbaby. Im Urwald ist es nie leise, da ist ungeheuer viel los: Da kreischen die Papageien, zischeln Schlangen, kichern Affen, rascheln die Bananenblätter und plötzlich fällt eine Kokosnuss herunter.
Alles das wird mit den Stimmen der Kinder gemacht, die sich im Raum verteilen. Löwenvater und Löwenmutter wandern mit ihrem Baby in diesem Urwald herum und legen sich nach einer Weile schlafen. Als sie aufwachen, ist das Löwenbaby verschwunden. (Es hat sich versteckt.) Jetzt gehen sie auf die Suche. Da muss man genau hinhören – wo hören sie das Rufen des Löwenbabys, wo hat es sich versteckt? Richtig schwer wird es für die Löweneltern, wenn sie auch noch die Augen verbunden haben!

Das Gespräch mit verschlossenem Mund

Ein Lieblingsspiel meiner Kinder war, sich nur mit „mm" zu unterhalten. Wir haben es während langweiliger Zugfahrten, bei Spaziergängen und in vielen anderen Situationen gespielt.
Der Erste beginnt mit einem fragenden „mm?", darauf antwortet der andere auch mit „mm", aber in den unterschiedlichsten Nuancen, mal zustimmend, mal ablehnend, mal interessiert, gelangweilt, genervt, und irgendwann merken alle, jetzt ist Schluss!

Der Ton macht die Musik

Wir sprechen kurze Sätze in wechselnden Stimmungen, der Spaß entsteht durch die vielfältigen Bedeutungen und Botschaften. Den Satz „Komm her zu mir!" sagt man mal lockend, dann ungeduldig, hoch erfreut oder enttäuscht, schließlich befehlend, ängstlich, mutig.
Man kann dieses Sprachspiel vielfältig einsetzen, z. B. als Vorsprecher-Chor-Form: Einer sagt diesen Satz in einer bestimmten Weise, alle anderen sprechen ihn genau so nach.
Daraus kann sich eine kleine Sprechkunst entwickeln. Zuerst sagen alle freundlich: „Komm her zu mir!", dann schon etwas unwillig, anschließend als Befehl und zum Schluss ganz überglücklich! Welche Sprachfantasien löst der Satz „Schokolade mag ich überhaupt nicht" aus oder „In drei Tagen kommt meine Tante zu Besuch"?

Wenn man singt, geht alles wie von selbst

Singen lernt ein Baby früher als Sprechen. Das Singen erinnert uns deshalb an diese erste Lebensphase und spricht immer die Gefühle an. Hirnforscher bestätigen, dass bei jeder musikalischen Aktivität der Ort der Gefühlsverarbeitung im Gehirn aktiviert wird. Singen rhythmisiert die Sprache. Der Rhythmus stimuliert und steuert unsere Motorik. Das kannten schon die „fleißigen Handwerker und die fleißigen Waschfrauen". Singen hat auch eine soziale Komponente. Man kann für sich alleine singen, hört damit aber gleichzeitig der eigenen Stimme zu! Ebenso ist Singen Ausdruck von Gemeinschaft, das spüren alle Fußballfans in den großen Stadien. In den folgenden kleinen Liedern werden Gefühle unmittelbar erlebt und ausgedrückt.

Heile, heile Segen!

Hei-le, hei-le Se-gen, drei Ta-ge Re-gen, drei Ta-ge Schnee, dann tut es nicht mehr weh!

Dieses Tröste-Lied gehört zu den traditionellen, überlieferten Alltagsliedern. Es ist ein Segenslied. Auf verschiedenen Ebenen findet die Tröstung des Kindes statt: in der Segensformel, in der Symbolik der Zahl drei, in der absurden Aufeinanderfolge von Regen und Schnee und im Körperkontakt des Streichelns oder Handauflegens verbunden mit der Singstimme der tröstenden Person. Für mich ist dieses Lied neben den Gute-Nacht-Liedern das wichtigste Kinderlied.

Das Vorfreude-Lied

Ich freu mich so, ich freu mich so, ich freu-e mich so sehr!

Diese Lied kann als „Kürzest-Lied" bezeichnet werden. Gerda Bächli, eine Kinderliedermacherin und Musiktherapeutin aus der Schweiz, hat diese Liedkategorie entwickelt. Aus solchen Kürzestliedern können sich spontan lebendige Spielsituationen entwickeln.

Zauberformeln der guten Laune

Lasst uns sin-gen: Jupp-hei-di! Heu-re-ka! Fi-de-ra-la-la! Ho-lo-dri-o!
Tra-la-la-la-la-la-la! Ho-lo-dri-o! Hos-sa, hei-sa rums!

Die Musikerin Inge Latz hat in ihrem Buch „Die Stille würde mich töten" eine Sammlung von typischen Klangworten zusammengestellt, die oft als Refrain in alten Kinderliedern und Volksliedern benutzt werden: fideralala, tralala, holodrio usw.

Losgelöst aus dem Liedzusammenhang fällt sofort die starke rhythmische und melodische Kraft dieser kleinen Wörter auf. Mit jedem Klangwort kann man sich in gute Laune singen!

Das Gar-nicht-mehr-aushalte-Lied

Ein-mal wer-den wir noch wach, hei-ßa, dann ist Weih-nachts-tag!

Dieser Refrain des Weihnachsliedes „Morgen, Kinder, wird's was geben" kann auch benutzt werden, um das Vorfreude-Gefühl in anderen Lebenssituationen musikalisch und gefühlsmäßig in den Griff zu bekommen. Man kann sich auf den Geburtstag, auf einen Ausflug oder auf den Besuch der Oma freuen. Die emotionale Fähigkeit, in Geduld auf etwas hinzuleben, wird in diesem Liedchen geübt.

Kniereiter

Schack-schack-e-rei-a, bum bam bei-a, schack, schack-e-rei-a, hopp, hopp, hopp!

Wir singen durch den Tag

Singen verändert eine Situation grundlegend. Durch Singen wird das gesprochene Worte „eingekleidet", es wird umhüllt von einem Mantel aus Melodie und Rhythmus. Deshalb verändern sich alltägliche Verrichtungen, wenn man dabei singt. Wenn man z. B. ein Lied über das Zähneputzen singt, wird daraus plötzlich ein Spiel, ein Tanz und eine gemeinsame Aktion.

Die folgenden Lieder sind „Gebrauchslieder", die spontan aus einer Alltagssituation entstehen und bei entsprechenden Anlässen wieder aufgegriffen werden. Frühere Generationen besaßen ein großes Repertoire von solchen kleinen Versen, die man kannte und immer wieder benutzte. Diese Lieder helfen dem Kind bei der Bewältigung von Lebenssituationen – glücklichen wie traurigen, informativen wie spaßigen.

Das Zähneputzen-Lied

Während man das Liedchen singt, machen alle die Bewegungen pantomimisch mit.

Das Lied zum Aufräumen

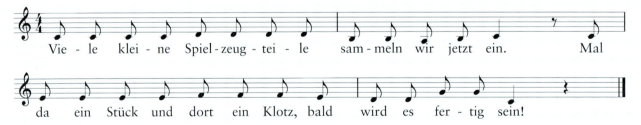

Das Nicht-vergessen-Lied

Das Spazieren-gehen-Lied

Wir ge-hen und ge-hen und geh-en al-le mit. Und blei-ben plötz-lich stehn!

Man singt das Lied und stellt dann kleine Aufgaben, wie „um das klitzekleinste Pflänzchen zu suchen", „um eine Minute auf einem Bein zu stehen" oder „um sich gegenseitig etwas Freundliches ins Ohr zu flüstern". Und dann geht es schnell weiter.

Basismodelle für frei erfundene Melodien

Es gibt einige Grundformen, aus denen einfache Lieder entwickelt werden können. Sie können diese „Klassiker" verwenden und abwandeln. Am Besten ist es aber, wenn Sie versuchen, Worte oder Sätze singend zu sprechen. Daraus entwickeln sich wie von selbst eigene Lieder.

1. Drei-Ton-Melodik

2. Aufwärts-abwärts-Melodie

3. Dreiklang-Melodie

Erfinden Sie doch selbst kleine Lieder für die folgenden Situationen!

Das Wut-Schrei-Lied

Fußball-Fans haben uns vorgemacht, wie kurze Lieder die Massen in einer bestimmten Gefühlslage zusammenfassen. Solche Lieder kanalisieren die aggressiven Energien und verhindern möglicherweise verbale oder körperliche Attacken. In diesem Sinne kann ein kurzes „Wut-Schrei-Lied" auch in Kindergruppen große Hilfe leisten.

Das Geheimnis-Lied

Wie könnte man es in ein kleines Lied bringen, wenn man sich ein Geheimnis ins Ohr flüstert?

Das Dankeschön-Lied

Erfinden Sie eine kurze, klingende Formel, mit der die Kinder das „Danke schön" üben. Denn an das Danken zu denken ist auch Übungssache.

Die Geschichte vom traurigen König
Eine Klanggeschichte für viele Stimmen

Dies ist auch eine Klanggeschichte, aber ohne Musikinstrumente. Die Kinder bringen nur mit ihren Stimmen die Geschichte zum Klingen. Das kann sehr lustig werden und auch viel Spaß machen, wichtig ist aber, dass Sie die Kinder dazu motivieren und auch selbst Freude an der stimmlichen Lautäußerung haben. Lassen Sie den Kindern Zeit, bei den passenden Stellen die jeweiligen Tiere nachzuahmen.

Vor langer, langer Zeit lebte einmal ein König. Er war ein guter König, und die Menschen liebten ihn sehr. Der König war auch ein Freund der Tiere, denn auch diesen gab er Freiheit und Schutz. Er regierte mit Freundlichkeit und Umsicht, war für jeden da und verströmte eine Atmosphäre von Heiterkeit und Güte.
Eines Tages aber überkam den König eine große Traurigkeit. Er zog sich zurück, sprach mit niemandem mehr, aß und trank nur noch für sich alleine, man hörte ihn auch nicht mehr lachen oder durch die Gänge seines Schlosses wandeln. Seine Hofärzte standen um ihn herum, verabreichten ihm stärkende Tees und gut riechende Salben, sie schauten ihm in die Augen und horchten ihn ab. Aber alles nützte nichts.
Eines Tages erfuhren auch die Tiere von der Traurigkeit des Königs. „Wir müssen ihm helfen", sagte der Löwe. Der Löwe wusste, was er sagte, denn schließlich war auch er ein König! Also schickte der Löwe seine Boten aus, um alle Tiere zu einer Versammlung einzuladen: Die Eichhörnchen fegten über die Bäume hinweg, die Schwalben flogen über Meere und Seen, die Würmer fraßen sich durch die Erde zu den Maulwürfen, Engerlingen und Fuchsbauten, selbst eine Schnecke machte sich auf den Weg.
Und dann war es soweit, alle Tiere des Landes waren gekommen: die Uhus und die Kängurus, die Mücken und die Flöhe. Was war das für ein Gelärme! Jedes Tier wusste etwas zu sagen, es *quakte, pfiff, brummte, muhte* und *bellte* bunt durcheinander, bis schließlich der größte Elefant so *aufstampfte,* dass die Erde erbebte. Ein *Trompetenstoß* – und alles war still. Schwerfällig hob der Löwe seine Augenlider, winkte mit einer Vorderpfote seinem Volke zu und sprach: „Liebe

Tiere, wie ihr wisst, sind wir zusammengekommen, um unserem Herrn, dem traurigen König, zu helfen. Nun, als ich euch eben beobachtet habe, ist mir ein Gedanke gekommen, wie wir ihm helfen könnten: Wir gehen alle zu ihm hin und erfreuen ihn mit unserem Gesang. Denn ist es nicht so, dass uns unsere Lieder alle aufs Höchste erfreuen?" So sprach der Löwe und ließ ein so außerordentliches *Brüllen* erklingen, dass seine Gattin stolz zu ihm aufblickte. Da konnte sich keines der Tiere mehr zurückhalten, die Frösche plusterten ihre Backen auf und *quakten* so schön wie noch nie, der Puter *gurrte* virtuos, der Hahn *krähte* und die Krähe *krächzte* aufs Allerliebste. Alle Tiere waren glücklich und hielten es für die schönste Musik.

Ein plötzlicher *Trompetenstoß* des Elefanten ließ sie wieder verstummen. Der Löwe bedankte sich und ordnete an, dass die Tiere sich bei ihm vorstellen sollten. Er würde dann eine Auswahl treffen und ein wahrhaft königliches Konzert zusammenstellen.

Und so traten sie vor den traurigen König: Zehn Elefanten hoben die Rüssel und *trompeteten* zur Eröffnung. Die Pinguine verbeugten sich vor dem König und *klatschten* heftig mit ihren Flossen. Dann gingen sie zur Seite und hervor trat die Nachtigall und *sang* ihr schönstes Lied.

Aber plötzlich verstummte sie, denn da hörte man etwas anderes – unter dem Fenster des Schlosses! Da *sang* noch jemand! Und jetzt hörten sie es alle: Ein Kind ging daher und *sang*: „Ach, wie bin ich traurig in des Himmels Schaum, über Weiderode, über Weiderode, unterm Baum. Hollerih-i, holleroh-o, jetzt bin ich wieder froh-o, hollerih-i, holleroh-o, jetzt bin ich wieder froh."

Der König blickte auf und rief: „Wer ist das, der da so singt? Er soll zu mir kommen!" Schnell lief der Haushofmeister in den Garten und holte den kleinen Jungen hinauf in des Königs Schloss.

„Was singst du da für ein Lied?", fragte ihn der König, „und was soll es bedeuten?" „Es ist mein Traurig-Fröhlich-Lied", antwortete der Junge, „das habe ich mir selbst ausgedacht. Ich singe es immer, wenn ich traurig bin, aber es macht mich wieder fröhlich." Da staunte der König, und er bat den Jungen, das Lied noch einmal zu *singen* und es ihm beizubringen. Bei jedem Singen wurde der König fröhlicher und zuletzt stand er auf und sagte zu dem Jungen und den Tieren: „Ich danke euch, dass ihr gekommen seid, denn ihr habt mir sehr geholfen. Ihr Tiere, singt mir weiter eure schönen Lieder, ich möchte sie gerne hören."

Das ließen die Tiere sich nicht zweimal sagen und ein Sturm brach los, aus voller Seele *juchzte* der Seehund, *heulte* die Hyäne, *wieherte* das Pferd. Aber auch die leisen Tiere konnte man hören: Da *schnaufte* der Igel, *fiepte* ein Meerschweinchen und *schnurrte* ein Kätzchen. Und so feierten sie bis tief in die Nacht und immer wieder konnte man hören: *Holleri, hollero, jetzt bin ich wieder froh!*

Eine kleine Anmerkung am Rande: Mein Sohn Ruben hat dieses Lied mit seinem für Kinder typischen „Unsinnstext" als kleiner Junge beim gemütlichen Liegen in der Badewanne erfunden (daher des Himmels „Schaum"). Ich schrieb das Liedchen als Erinnerung für ihn auf. Lange Zeit war es sein persönliches Stimmungslied, mit dem er sich „glücklich sang".

3 Instrumente – alles klingt und wird Musik

Spiele mit Körperinstrumenten

Welch ein Glück, dass wir Hände und Füße haben! Denn auf diese Weise haben wir alle ein echtes Musikinstrument direkt „zur Hand". Dieses Musikinstrument ist sehr vielseitig und ausdrucksreich, mal klingt es laut, mal leise, mal fröhlich, mal albern, mal wütend, aber auch hochkonzentriert und vorsichtig. Auf diesem Instrument kann jeder spielen! Kinder sind damit immer wieder zu begeistern, denn Klatschen, Patschen, Stampfen ist elementares Musizieren. Selbst Erwachsene greifen manchmal darauf zurück: Wenn das Publikum mit einem Konzert zufrieden ist, dann macht es das durch Klatschen deutlich; ist es besonders beeindruckt, dann trampelt es. Als Publikum verhält man sich wie die Kinder!

Mein erstes Musikinstrument

„Klatsch" = in beide Hände klatschen

„Streich" = die Hände streichen übereinander

„Wisch" = beide Hände wischen von oben herab aneinander vorbei

„Bomm" = hohle Hände klatschen aufeinander

„Stampf" = mit den Füßen stampfen

„Patsch" = auf die Oberschenkel klatschen

Aufgepasst, zugehört, 1, 2, 3!

Dieses Spiel kann als „Aufwärmspiel" benutzt werden. Alle Kinder rufen laut, kräftig, aber konzentriert: „Aufgepasst, zugehört, 1, 2, 3!" Anschließend macht die Erzieherin etwas vor, später ein Kind,

und alle machen es nach. Jeder darf einmal etwas vormachen.

Aufgepasst, zugehört, 1, 2, 3! Erzieherin: klatsch, klatsch, klatsch. Alle: klatsch, klatsch, klatsch!
Aufgepasst, zugehört, 1, 2, 3! Ein Kind: patsch, patsch, patsch. Alle: patsch, patsch, patsch!
Aufgepasst, zugehört, 1, 2, 3! Ein zweites Kind: wisch, wisch, wisch. Alle: wisch, wisch, wisch!

Und jetzt ganz leise:
Aufgepasst, zugehört, 1, 2, 3! – Tip, tip, tip – tip, tip, tip
Und nun ganz langsam:
Aufgepasst, zugehört, 1, 2, 3! – Schlurf, schlurf, schlurf – schlurf, schlurf, schlurf.

Zum Schluss ganz schnell:
Aufgepasst, zugehört, 1, 2, 3! – Trampel, trampel, trampel – trampel, trampel.

Das nächste Mal werden andere Ideen gespielt!

Patsch – Patsch – Patsch – und was kommt dann?

Alle Kinder schlagen dreimal auf die Knie und dann macht ein Kind eine Geste in der Luft (z. B.: Hände kreiseln) und alle machen sie nach. Anschließend wieder „patsch – patsch – patsch" und das nächste Kind erfindet eine Geste, vielleicht eine kleine Verbeugung! Der Witz des Spieles liegt im Wechsel von Klang und Stille, musikalisch übt man dabei regelmäßige Schläge und Pausen ein.

Diese Rhythmen find ich gut!

Manche Rhythmen gehen gleich ins Blut, sie sind „echte Klassiker", darum kann man sie von klein auf schon üben:

p a t s c h,   k l a t s c h
p a t s c h,   klatsch, klatsch
patsch, patsch,   k l a t s c h
patsch, klatsch,   p a t s c h

Wichtig ist, dass man mit dem dunklen Klang beginnt, dem „Patsch", und dann den hellen Klang bringt. Zum einen ist der Bewegungsablauf schwungvoller, außerdem entspricht es auch den typischen Schlagzeug-Rhythmen!
Diese Rhythmen sind übrigens eine gute Grundlage, wenn man ein Lied begleiten will oder dazu einen freien Text erfinden: z. B.: „Heute ist Montag, es geht jetzt wieder los, alle machen jetzt Musik, ist das nicht riesig groß!"

Fitness mit Musik

Das Spiel mit den Körperinstrumenten wirkt sehr belebend, deshalb machen die Kinder bereitwillig alle Dehnungen und Streckungen mit.

- Von ganz unten nach ganz oben: Wir klopfen uns selbst ab, klatschen ganz doll, sodass man es richtig hört! Von den Füßen zu den Beinen, über Po, Bauch, Brust, Kopf und Hände ganz hoch!
- Rakete im Stehen: mit beiden Beinen auf den Boden trampeln, dann auf die Beine klatschen, auf die Brust trommeln, über dem Kopf klatschen und zum Schluss ein Riesensprung mit Juchzer!
- Überkreuz: Wir benutzen die gymnastische Übung für die Drehung in der Wirbelsäule und machen einen Rhythmus daraus: Wir klatschen jeweils mit einer Hand über die Mittellinie auf den Boden und dazwischen immer in die Hände.

Musik aus der Hosentasche

Das ist die Musik der kleinen Jäger und Sammler, die Musik mit zufällig gefundenem Material. Ein Kind, das herumstromern kann, dem man Zeit gibt, unbeobachtet der archaischen Jagd- und Sammelleidenschaft nachzugehen, hat „Krimskrams" in den Taschen. Dieses Material ist zwar wertlos – aber für den Besitzer höchst wertvoll! Frisch gewaschene und geleerte Hosentaschen sind steril, sie müssen erst mal wieder ordentlich gefüllt werden! Was lässt sich aus so einer kindlichen Hosentasche musikalisch verwerten, was ist drin neben all den Unmengen von Brotresten und Taschentüchern?

Materialsammlung für „Hosentaschenklinger"

Murmeln, Steinchen, Bälle, Knöpfe, Stifte, Schlüssel, Schneckenhäuser, Nüsse, Metallringe, Blechdöschen, Filmdöschen, gefüllt mit Erbsen, Reis und Sand, Eislöffelchen, Eisstiele, Füllerpatronen, Wäscheklammern, kleine Musikinstrumente wie Knackfrösche, Flötchen, Glöckchen, Plastikreste, Pappe, Alufolie, und, und, und.

Wir tragen Musik mit uns herum

Die Gaukler des Mittelalters, ebenso indische Tänzerinnen oder orientalische Frauen – Menschen verschiedenster Kulturen trugen und tragen kleine Glöckchenbänder am Körper, beispielsweise um die Fußknöchel. Die Glöckchen klingen leise, dadurch wird jeder Schritt hörbar. Warum trägt man diesen klingenden Schmuck? Wollte man böse Geister von seinem Körper abwehren, andere Menschen oder Geister auf sich aufmerksam machen oder vielleicht sich nur seiner selbst versichern? Ich klinge, also bin ich. Vielleicht ist von allem etwas dran. Auf jeden Fall macht es den Kindern Spaß, von einem solchen leichten, quirligen Klang begleitet zu werden. Bau-Ideen dazu finden Sie auf den Seiten über den Instrumentenbau.

Wir sammeln einen klingenden Schatz

Bei einem Spaziergang im Wald bekommen die Kinder den Auftrag, einen „klingenden Schatz" zu sammeln, einen Schatz, der in die Hosentasche passt. Was kann das alles sein? Steine, kleine Zweige, Tannenzapfen, Bucheckern, Ahornflieger, Erdkrümel, Sand, Eicheln, Eichelhütchen, Rindenstücke, trockenes Moos, Aststücke ...

Zu Hause oder schon im Wald holen wir die Schätze heraus. Jeder zeigt seinen Schatz und führt seinen Klang vor. Manches klingt von selber: Steine werden gegeneinander geschlagen, Tannenzapfen geknispelt; anderes klingt erst, wenn wir es in eine Trommel, Schale oder in die Handflächen legen: Erde raschelt, trockene Blätter hört man, wenn man sie anpustet. Mit diesen Schätzen können wir Musik machen,

z. B.: Alle Steine spielen zusammen und dann alle Nüsse. Es genügt aber auch, wenn jedes Kind seinen persönlichen klingenden Schatz bei sich trägt und die Erzieherin es immer mal wieder fragt: Hast du deinen klingenden Schatz bei dir?

Wir schenken uns Musik

Jedes Kind bringt einen kleinen Klangschatz von zu Hause mit oder alles wird auf einer gemeinsamen Klangsuche auf dem Gelände des Kindergartens gesammelt. Anschließend schenkt jedes Kind einem anderen Kind seinen Klang. Dieses kleine Geschenk erinnert beim Fühlen in der Hosentasche die Kinder immer an den Schenker und durch den Klang bekommt dieses Geschenk eine besondere emotionale Wertschätzung.

Die Hosentaschenmusik der Erwachsenen

Es stimmt überhaupt nicht, dass nur Kinder mit gefüllten Hosentaschen herumlaufen! Auch Erwachsene nehmen sich Musik mit: Fast jeder hat ein Handy oder einen Walkman in der Hosentasche. Es klingelt, schwätzt und schnarrt überall, für Außenstehende wird es oft zum Ärgernis. Aber warum sollen wir diese Leidenschaft nicht kreativ nutzen?

Die Kinder basteln aus Holz oder Pappe ein Handy, und dann wird damit Musik gemacht. Die Kinder erfinden ihre eigene Handy-Melodie oder sie singen die von Mama nach. Kleine rhythmische Tippmuster werden als SMS weitergegeben. Wer hat die SMS erhalten und kann den Rhythmus nachspielen auf seinem Handy?

Ein Hosentaschenkonzert

Seit einigen Jahren erfreuen sich Musik- und Tanzgruppen wie „Lord of the Dance" und „Stomp" einer großen Beliebtheit. Ihr Geheimnis liegt neben der Perfektion der Aufführung auch im Rhythmisieren von alltäglichen Bewegungen und Tätigkeiten. Die Kinder stehen im Kreis. Jedes Kind stellt seinen Klangschatz vor. Ein Kind beginnt zu spielen und wer das gleiche Material hat, spielt mit. Einer ist der Hosentaschendirigent: Er zeigt an, wie lange gespielt wird und wie lange das „Instrument" in der Tasche versteckt bleibt.

Hosentaschenkonzert, ein Stück für 8 Kinder:

Aufstellung: nebeneinander in einer Reihe
Material: „Hosentaschenklinger" wie Schlüsselbunde, Steine, Glöckchen ...

Alle Kinder haben die Hände in beiden Hosentaschen versteckt. Die Erzieherin zählt: 1, 2, 3, 4! Alle holen gleichzeitig ihr Material heraus und machen Musik – wieder 4 Schläge lang.
Alle Hände wieder zurück in die Taschen, 1, 2, 3, 4. Ein Kind nach dem anderen holt seinen Klang und spielt alleine, auch immer über 4 Schläge.
Einige leise „Instrumente" (z. B. Schlüssel) rascheln durchgehend. Dazu kommen andere Kinder mit lauten Akzenten (z. B. Steine), jeweils ein Akzent auf dem ersten der 4 Schläge. Allmählich kommen weitere Spieler hinzu, immer im Ablauf 1, 2, 3, 4.
Nun werden alle Spieler gemeinsam immer lauter und schneller... und zum Schluss: ein gemeinsamer Schlag!

Instrumente  find ich toll!

Alle Kinder sind begeistert, wenn sie an „richtige" Instrumente herangelassen werden!
Mit Freude stürzen sie sich darauf! Und dann geht es los, das kennt jede von Ihnen: Krach, Streit, Weinen, Knuffen, Wegnehmen, und schon sind wir mitten in den disziplinarischen Problemen. Man kann verstehen, dass viele Erzieherinnen sich deshalb davor scheuen, Musikinstrumente in der großen Gruppe einzusetzen. Trotzdem möchte ich Ihnen Mut zusprechen: Es gibt Spielformen und Spielregeln, die es erleichtern, mit allen Kindern zusammen auf Instrumenten zu musizieren. Instrumentales Musizieren ist ein wichtiges Lernfeld, gerade im Umgang mit den Musikinstrumenten werden persönlichkeitsstärkende Erfahrungen vermittelt. Begabungen werden geweckt, und – das muss uns als Erzieherinnen besonders interessieren – Konzentration und soziales Verhalten werden durch instrumentales Musizieren gestärkt. Das soziale Verhalten ist im Gruppenmusizieren viel stärker gefordert als beispielsweise im gemeinsamen Singen.
Es gibt drei „Knackpunkte" im Gruppenmusizieren, bei denen es zu pädagogischen Problemen kommen kann: das Austeilen der Musikinstrumente, das Zusammenspiel mit mehreren Instrumenten und das Aufräumen der Musikinstrumente. Die folgenden Spielvorschläge sollen Ihnen helfen, diese schwierigen Situationen spielerisch zu gestalten.

Spielvorschläge für das Verteilen der Musikinstrumente

Um Streit um die Instrumente zu vermeiden, kann man „Ritual-Sätze" (kleine Sätze oder Formeln, die immer wieder wiederholt werden) beim Austeilen verwenden. Auf diese Weise erhalten auch freie Spielsituationen eine Struktur und einen rhythmischen Schutzrahmen, in den die Kinder sich gerne hineinbegeben.

Spielen und geben

Bevor Sie die Instrumente austeilen, sagen Sie: „Wir spielen jetzt ein Spiel, das heißt ‚spielen und geben'.
Die Kinder sitzen oder stehen im Kreis. Jedes Kind bekommt ein Musikinstrument in die Hand. Die Kinder probieren ihre Instrumente eine Weile aus. Das kann ruhig lauter und lebendiger sein! Dann sagt die Erzieherin nach einem Triangel- oder Trommel-Schlag in einem rhythmischen Sprechen „spielen und geben". Daraufhin geben die Kinder ihr erstes Instrument nach rechts weiter und erhalten so ein neues Instrument vom linken Nachbarn. Dieses wird wieder eine Weile gespielt, so lange, bis die Erzieherin wieder auf die Triangel schlägt. Am besten ist es, wenn die Kinder die Worte nach einer Weile mitsprechen. Mit der Zeit kommen alle in einen regelmäßigen, rhythmisch bestimmten zeitlichen Ablauf, in dem die Kinder die Instrumente kennen gelernt haben, in dem sie sich auch darauf austoben konnten, aber in geregelter Form.

Julius holt sich ein Instrument – und legt es unter seinen Stuhl

In der Mitte des Kreises liegen verschiedene Musikinstrumente, eines für jedes Kind.
Die Erzieherin sagt: „Julius holt sich ein Instrument, das ist rund" (z. B. eine Handtrommel) oder „Kilian holt sich ein Instrument, das ist aus Metall" (ein Becken oder eine Triangel) oder „Katarina holt sich ein Instrument, das gibt es hier nur einmal" (vielleicht das Glockenspiel). Wichtig: Die Kinder probieren ihr Instrument kurz aus und „legen es unter ihren Stuhl".

In diesem Spiel werden alle Kinder persönlich angesprochen und aufgefordert, sich ein Instrument zu nehmen. Aber die Hinweise auf die Instrumentenwahl sind leicht verschlüsselt, das Instrument wird nur angedeutet. Damit wird die Intelligenz und Wahrnehmungsfähigkeit der Kinder angesprochen. Da die Kategorien wechseln, bleibt es immer spannend und alle Kinder sind konzentriert.
Kategorien können sein: Form, Farbe, Klangeigenschaft der jeweiligen Musikinstrumente, Spieltechnik, persönliche Vorlieben ... Der Beginn des Satzes wird aber immer wiederholt, ebenso wird das Instrument nach dem Ausprobieren zunächst unter den Stuhl gelegt. Später geht dann das Spielen richtig los!

Eins – zwei – drei und stopp!

Ein Spiel, bei dem man im Kreis auf dem Boden sitzt und Musik macht: Jedes Kind hat ein Instrument, alle Kinder probieren die Instrumente aus. Nach einer Weile sagt die Erzieherin: „1 – 2 – 3 und stopp!" Alle Kinder legen ihr Instrument auf den Boden und rutschen drei Schritte rückwärts. Damit sind sie weit weg von ihren Instrumenten und können so den neuen Spielvorschlägen der Erzieherin zuhören. Manchmal muss man weiter zählen: 1 – 2 – 3 – 4 – 5 – 6 und stopp! Die Kinder zählen aber immer mit, dann macht das Rutschen auch Spaß!

Ich fühl es!

Hinter die Kinder werden die Instrumente gelegt, sie haben sie nicht gesehen, sondern fühlen sie nur. Entweder sagen die Kinder spontan, was sie entdeckt haben oder die Erzieherin fragt wieder nach Kategorien, z. B.: Wer hat ein kugeliges Instrument oder ein klitzekleines Instrument hinter seinem Rücken? Oder die Kinder spielen das Instrument hinter ihrem Rücken an und erraten es so.

Für Fachfrauen und Fachmänner

Wenn die Kinder schon wissen, wie Instrumente heißen und wo sie gelagert werden, kann man auch Aufträge verteilen: „Heute brauche ich drei Klanghölzer, zwei Triangeln und eine Rassel aus dem Musikkorb."

Wir machen ein Konzert!

So wie man für „Mensch ärgere dich nicht" Spielregeln kennt, gibt es auch Regeln für das Zusammenspiel mit Musikinstrumenten. Sie stammen aus der Gruppen-Improvisation und lassen sich auf viele Instrumenten-, Klang- und Stimmaktionen anwenden. Die Musikerin Lilli Friedemann hat dafür grundlegende Spielformen entwickelt.

Alle spielen zusammen und hören gemeinsam auf

Jedes Kind bekommt ein Instrument. Ein vorher bestimmtes Kind beginnt mit seinem Spiel, sofort machen die anderen mit. Wenn der Erste aufhört, beenden alle das Spiel. Wichtig ist, dass der „Beginner" auch einen deutlichen Schluss anzeigt – am besten durch ein klares optisches Signal: Arme hoch heben! Alle Mitspieler machen das ebenso nach. Dann kommt der nächste „Beginner" an die Reihe.

Alle spielen mit

Dieses Spiel ist eine Erweiterung des vorigen Spiels: In der Art, wie der Erste spielt, spielen alle mit. Der Erste spielt laut oder leise, schnell oder langsam und die Mitspieler übernehmen es sofort. Der Vorspieler lernt spontan etwas zu erfinden, die anderen entwickeln ein musikalisches Gehör und die Flexibilität, sich schnell auf etwas Neues einzustellen. Jeder schlüpft mal in beide Rollen.

Rundspielen im Kreis

Es gibt verschiedene Möglichkeiten, alle Kinder im Kreis zusammen spielen zu lassen:

Ein Kind spielt kurz auf seinem Instrument, hört auf – dann ist das nächste Kind dran.
Einer nach dem anderen setzt mit ein, sodass am Ende alle spielen.
Einer nach dem anderen hört auf, bis zum Schluss nur noch ein Kind spielt.

Alle spielen und alle sind still!

Mit dieser Spielregel wird musikalisch die Pause geübt und die Kinder lernen nicht nur auf sich, sondern auch auf die Musik der anderen zu hören. Alle Kinder spielen auf ihren Instrumenten und plötzlich – ohne ein vorher ausgemachtes Zeichen – ist es gemeinsam absolut still! Genauso überraschend geht das Spiel wieder los. Spannend wird das Spiel dadurch, dass keiner vorher weiß, wann Pause ist und wann es wieder losgeht.

Gemeinsam lauter werden – gemeinsam leiser werden

Auch dieses Spiel fördert zugleich das Zusammenspiel und das Hören.
Alle Kinder spielen auf ihren Instrumenten und verändern gemeinsam – wiederum nur, indem sie gut aufeinander hören – ihre Lautstärke. Da muss man sich sehr konzentrieren, nicht zu schnell laut werden, merken, wann es wieder leise wird und am Schluss so leise sein, dass man überhaupt nichts mehr hört – nur die Hände bewegen sich noch!

Klanggrüppchen

Als weitere Differenzierung bietet es sich an, nicht immer alle Kinder gleichzeitig spielen zu lassen, son-

dern Klang-Gruppen zu bilden. Dafür gibt es verschiedene Möglichkeiten: Alle, die ein Holz-Instrument haben, spielen zusammen; alle, die bald Geburtstag haben; alle, die lang klingende Instrumente haben. Jedes Mal klingt es anders, man lernt dabei, gut und differenziert zuzuhören.

Tutti – Solo

Das ist *das* musikalische Grundmuster überhaupt! Alle Kinder spielen eine Weile zusammen („Tutti"), nach einem Signal (z. B. Triangel) spielt ein Kind alleine („Solo"), es hört auf nach einem erneuten Triangel-Zeichen. Dann spielen wieder alle so lange, bis jedes Kind einmal sein Solo hatte.

In der Musikgeschichte kommt das Tutti-Solo-Prinzip vor in der Barockmusik als „Concerto grosso", im Gospel als „call and response", im Jazz als Solo und Chorus, im Lied als Strophe und Refrain. Also ist es gut, dieses Grundprinzip schon früh kennen zu lernen. Außerdem übt man darin kommunikative Grundmuster ein: sowohl alleine vor anderen bestehen als auch sich in eine Gruppe integrieren!

Aufräumen der Musikinstrumente

Wer kennt das nicht? Man hat mit den Kindern eine Klanggeschichte gespielt, man bedankt sich bei ihnen, wie toll sie mitgemacht haben – und dann pfeffert eine/r die Rassel in den Instrumentenkorb und verschwindet. Sofort folgt der Nächste, wirft den Schellenkranz hinein, die Klanghölzer bleiben irgendwo liegen – und das soll's gewesen sein? Das darf es nicht gewesen sein! Auch für das Aufräumen der Musikinstrumente sind die Einführung und das Einhalten von Regeln und Ritualen besonders wichtig.

Polonaise zum Musikschrank

Alle wandern spielend und singend hintereinander zum Musikschrank. Dort nimmt die Erzieherin die Instrumente in Empfang und räumt sie ein. Das ist übrigens eine gute Gelegenheit, den Kindern zu zeigen, wo die Instrumente ihren Platz haben und wie sie pfleglich hingelegt werden. Bei der nächsten Polonaise können einige Kinder schon mit einräumen!

Ich wünsche mir ein Instrument

Manche Erzieherinnen sammeln die Instrumente in einem Korb wieder ein oder in einer Instrumentenkiste. Dieses Einräumen kann man auch als Spiel gestalten: „Ich wünsche mir ein Instrument in den Korb, das man auf dem Kopf tragen kann. Ich wünsche mir ein Instrument in den Korb, das in einer Hand versteckt gebracht werden kann." Die Kinder, die sich angesprochen fühlen, tragen ihr Instrument in den Korb.

Abschlussgestaltung

Zum Schluss der „Musik-Stunde" kann man auch eine Abschlussgestaltung machen mit den Instrumenten, die man in der Stunde kennen gelernt oder gespielt hat. Es kann sehr hübsch aussehen, wenn beispielsweise ein Trommelturm in der Mitte des Raumes aufgebaut wird und darum herum ein Klangholz-Mikado oder Zimbel-Schalen.

Trommeln kann jeder

Die Trommel ist das universale Instrument. Alle Völker dieser Welt haben Trommeln entwickelt. Der direkten Wirkung des Trommelspiels kann sich keiner entziehen. Letztlich spielt man auf einem Körper, der mit Haut bespannt ist, und das ist das Geheimnis, warum dieses Instrument allen so nah ist. Man spürt die Schwingungen des „Trommelfells". Es gibt viele Trommel-Sprachen: Man kann auf die Trommel schlagen, man kann sie streicheln oder kratzen. Man kann sehr sensibel auf der Trommel spielen, aber die Trommel stimuliert ungeheuer zum Austoben, und dem sollte man auch Raum geben.

> Eine Sammlung von Trommeln sollte zur Grundausstattung einer Einrichtung gehören, denn alle können darauf spielen, jeder kann individuelle Ausdrucksformen entwickeln. Gleichzeitig sind Trommeln gruppengeeignet, fördern die Beidhändigkeit, die Differenzierung der Grob- und Feinmotorik und entwickeln ein aktives Rhythmusempfinden.

Erstmal austoben

Diese Grundregel im Umgang mit allen Musikinstrumenten ist beim Trommeln besonders wichtig: Zunächst muss jedes Kind Zeit bekommen, frei mit dem Instrument sich selbst auszuprobieren. Erst dann kann man gemeinschaftliche Aktionen beginnen. Aber die Regel gilt: Jeder spielt, solange er möchte, wenn man aber zu Ende gekommen ist, fängt man nicht wieder neu an!

Trommel begrüßen

Das folgende Spiel hat etwas Magisches an sich, stellt aber den persönlichen Bezug zum Instrument her: Die Kinder legen ihre Hände auf die Trommeln und fragen: „Trommel, wie geht es dir, wie fühlst du dich an?" Auf diese Weise spüren die Kinder, dass sich das Trommelfell sehr unterschiedlich anfühlt, manchmal ist es zum Rand hin kühler, manchmal sind sogar noch die kleinen Borstenhaare zu fühlen. Mit den Händen begrüßt man die ganze Trommel, geht auf ihr spazieren, fühlt die kalte Schraube und das glatte Holz. Wie fühlt sich die Trommel auf der Innenseite an?

Kinder begrüßen

Sie sitzen mit einer Gruppe trommelnder Kinder zusammen. Sie sagen: „Wir wollen uns alle mit der Trommel begrüßen. Wir begrüßen David." Und alle Kinder trommeln für David tüchtig los. „Wir begrüßen Lara", und wieder trommeln alle. Jetzt sprechen wir vielleicht leise: „Wir begrüßen Christoph" und trommeln ebenso leise. In der Art, wie wir stimmlich die Kinder begrüßen, trommeln wir auch.

Tiere begrüßen

Dieser Klassiker der Trommelspiele darf auf keinen Fall in Ihrer Spielesammlung fehlen! Auf Ihrer Trommel spielen Sie die schweren Schritte eines Elefanten. Die Kinder werden aufgefordert, sofort mitzuspielen. Erst am Ende des Spiels erraten die Kinder, welches Tier auf der Trommel begrüßt wurde. So geht die Runde herum, jedes Kind lässt ein Tier auf seiner Trommel laufen. Welche Tiere laufen noch gerne über Kindertrommeln? Tiger, Löwen, Schlangen, Krokodile, Frösche, Pferde und die eigenen Haustiere natürlich!

Ma-ma-mo-ko: ein Rhythmus aus Afrika

Aus Afrika und Lateinamerika kennen wir eine Fülle verschiedenster Anschlagstechniken und Klangfarben im Trommelspiel. Sie sind eine große Hilfe, um zum rhythmischen Spiel auch für kleinere Kinder zu kommen. Der erste Grundrhythmus, den ich bei einem Trommler aus Ghana kennen gelernt habe, heißt „Ma-ma-mo-ko".

„Ma" rechte Hand am Trommelrand,
„ma" linke Hand am Trommelrand,
„mo" rechte Hand in der Mitte der Trommel,
„ko" linke Hand in der Mitte der Trommel.

Eine motorische Vereinfachung besteht darin, mit beiden Händen gleichzeitig zweimal am Rand und zweimal in der Mitte anzuschlagen. Aber hören Sie beim Spielen mal zu: Die Trommel sagt wirklich „ma-ma-mo-ko"!

Eine Differenzierung kann erreicht werden, wenn die Gruppe aufgeteilt wird, im Sinne von Frage und Antwort oder Spiel und Echo.

Gruppe A: Ma-ma-mo-ko, Ma-ma-mo-ko
Gruppe B: Ma-ma-mo-ko, Ma-ma-mo-ko

Wenn das Wechselspiel stabil ist, singen Sie etwas Freies, Fantasievolles darüber oder spielen mit einem anderen Instrument dazu. Daraus entsteht sofort Musik! Oder ein Kind spielt ein Solo (auf einer Trommel, mit einer Rassel, mit Klatschen …) dazwischen! Und dann wieder alle zusammen: Ma-ma-mo-ko!

Trommel verkloppen

Die Erzieherin hält eine große Handtrommel in der Hand und ein Kind bekommt einen Trommel-Schlägel in die Hand. Mit diesem schlägt es auf Ihre hoch gehaltene Trommel. Spannend wird es, wenn Sie die Höhe und Lage der Trommel verändern: Plötzlich muss sich das Kind richtig strecken, um die Trommel zu erwischen, jetzt sind Sie hinter ihm und dann plötzlich tief unten! Mit dem Schlägel darf man ordentlich auf die Trommel hauen, aber man muss auch konzentriert und geschickt sein!

Was nimmt man, wenn man keine Trommeln hat?

Plastikeimer, Plastikwannen, Transportkartons, Blecheimer, alte Schubladen, Holzkisten, Sammelkisten, Stühle, Tische, Schrankwände …

Tuten und Blasen

Blasinstrumente werden selten benutzt in Kindergärten. Als Gruppeninstrumente sind sie nur bedingt verwendbar – da gibt es die hygienischen Probleme, wenn mehrere Kinder nacheinander in eine Flöte blasen wollen. Außerdem sind die Instrumente oft in einer hohen Stimmlage und haben eine festgelegte Tonhöhe. Im Zusammenspiel kann es leicht zu Dissonanzen und Belästigungen für die Ohren der anderen kommen. Dennoch habe ich als Kind meine etwas skurrile Sammlung von Blasinstrumenten sehr geliebt. Deshalb möchte ich für eine kindgerechte Sammlung von Blasinstrumenten werben.

Gedanken zur Notwendigkeit von Blasinstrumenten

- Blasinstrumente stellen eine enge Verbindung von Körper und Instrument dar. Dadurch lernen die Kinder, Musikinstrumente als körperbezogene Instrumente zu verstehen.
- Blasinstrumente sprechen die Kinder auf der oralen Ebene an.
- Wenn man in ein Instrument bläst, ist der Atem ganz direkt Ventil und Triebfeder der Gefühle.
- Die gezielte Ausatmung wird trainiert.
- Mund- und Zungenmuskulatur werden gestärkt.
- Blasinstrumente sind ein Übergang vom Singen zum Instrument!

Blasinstrumente, die man ohne Notenkenntnisse spielen kann

Eine kleine Sammlung von Blasinstrumenten kostet wenig. Kinder spielen gerne mit dieser bunten Mischung aus Plastikflöten und Instrumenten aus wertvollerem Material. Diese einfachen Flötchen kann man gut in Klanggeschichten und Fantasiereisen einsetzen, zum Rollenspiel benutzen oder die Kinder probieren sie für sich alleine aus.

Die folgende Auswahl an Blasinstrumenten ist nach der Art ihrer Atemführung geordnet. Die Reihenfolge geht vom einfachen, normalen Ausatmen zum gesteuerten Atemfluss.

Pappröhren, Plastikrohre, Eimer, Gießkanne
In Hohlkörper, die aus gut klingendem Material bestehen, kann man hineinrufen, johlen, heulen. Der eigene Klang wird kräftig verstärkt.

Heuler und Nachtigall sind einfache Blasinstrumente, deren Klang sich durch den Atemdruck verändert.

Zieh- oder Rutschflöten (z. B. Aulos-Flöten) funktionieren nach dem Prinzip der Holunderpfeife. Durch das Verschieben des Marks verändert sich die Tonhöhe und der Atem wird „sichtbar".

Nasenflöten sind eine Rarität: Mit der Nase bläst man in eine Öffnung, es entsteht ein nasaler Klang.

Kazoo: Eine flache Röhre aus Metall oder Plastik, in der eine Öffnung mit einer dünnen Haut (vgl. Butterbrotpapier) bedeckt ist. Durch das Hineinsingen gerät das Papier in Schwingung und es entsteht ein näselnder Ton, ähnlich wie beim Kammblasen.

Mundharmonika: In einen kleinen Metallkasten sind biegsame Metallzungen eingelassen. Diese geraten durch Ein- und Ausatmen in Schwingung.

Maultrommel: In einen Metallrahmen ist eine schmale, biegsame Metallzunge eingearbeitet. Der Spieler nimmt das Instrument zwischen die Zähne und zupft die Metallzunge an. Die Mundhöhle dient als Resonanzraum. Durch die Veränderungen der Mundhöhle entstehen unterschiedliche Töne.

Panflöte: Mehrere Eintonflöten in abgestimmter Länge sind aneinander gebunden. Man bläst die Flöten mit Lippenspannung an.

Kuckucksflöte: Eine kleine Blockflöte mit nur einem Griffloch. Durch Öffnen und Schließen des Grifflochs entsteht der typische Kuckucksruf.

Okarina (ital. „Gänschen"): Diese kleine Flöte in Form eines Gänseeies hat bis zu zehn Grifflöcher.

Blockflöte: Sie erfordert die Koordination von Atem und Fingerbewegungen.

Vogelkinder

Wir bauen im Gruppenraum ein großes gemütliches Nest, mit Decken, Tüchern, Kuschelkissen. Die Kinder kommen mit ihren Flötchen ins Nest, noch sind sie im Ei unter den Decken versteckt. Nach einer Weile bewegt sich das erste Kind und beginnt mit seiner Flöte leise zu piepen, andere folgen ihm, bis alle flügge sind und im Raum flötend und pfeifend umherschwirren. Die Vogelmama ruft sie wieder mit einem Triangel-Klang ins Nest zurück!

Vogelkonzert

Draußen, bei schönem Wetter veranstaltet die Gruppe ein Vogelkonzert! In noch hörbarer Entfernung verteilen sich einige „Vögel" im Gelände. Wie bei einem echten Konzert ist auch ein Dirigent da, der die Vögel dirigiert. Vielleicht spielen alle gleichzeitig los, dann hört man sie nacheinander, dann ent-

wickelt sich ein Duett. Was passiert im Garten, wenn sich eine Katze eingeschlichen hat? Auf der Trommel kommt sie angeschlichen! Das ist ein Gelärme, bis die Katze wieder verschwunden ist. Zum Schluss kommen alle Vögel zum Dirigenten ins große Nest zurückgeflogen!

Wo ist der Kuckuck?

Alle Kinder spielen Vögel und flattern singend im Raum umher, eines entpuppt sich plötzlich als der Kuckuck mit der Kuckucksflöte. Wer ist es? Wer entdeckt ihn als Erstes? Wie schnell reagieren die Kinder, wie gut haben sie im Raum gehört? In der nächsten Spielrunde ist ein anderes Kind der Kuckuck.

Das ist mein Revier

Wie im „echten Vogelleben" gibt es in unserem (Kinder-)Garten viele Vögel und viele Vogelpärchen. Die jeweiligen Pärchen haben natürlich ein gleiches Blasinstrument. Die Vögel verteilen sich im Gruppenraum. Wenn ein Vogel ruft, antwortet der andere mit genau demselben Ruf! Da muss man schon gut hinhören! Dann ruft ein anderes Pärchen, auch mit Frage und Antwort. Das geht weiter, bis alle Pärchen sich angesungen haben.

Instrumente zum Staunen

Manche Musikinstrumente können uns verzaubern! Sie sprechen das Auge an, lassen sich angenehm anfassen und klingen so, dass jeder davon fasziniert ist. Das sind zum Beispiel der Regenstab, die Brandungstrommel, die Klangschale. Gemeinsam ist ihnen, dass grundsätzlich zwei Klangcharakteristiken angesprochen sind: das Geräuschhafte im Rascheln und Rauschen und der helle, verklingende Klang. Diese fast archaisch zu nennenden Klangformen finden sich in vielen verschiedenen Kulturen der Welt, häufig in rituellem Zusammenhang. Ist das Rauschen vielleicht auch eine unbewusste Erinnerung an vorgeburtliche Zeiten?

Exotische Instrumente

Der Regenstab oder „rainmaker" kommt aus Chile. Ursprünglich ist er ein abgestorbener Kakteenstamm, dessen Stacheln nach innen geschlagen werden. Das Innere ist mit kleinen Flusskieselsteinen gefüllt und gut verschlossen. Wenn man den Regenstab hin und her dreht, geraten die Kieselsteine zwischen dem Stachel-Labyrinth in Bewegung. Dadurch entsteht das typische „Regengeräusch".

Die Brandungstrommel oder „ocean drum" kommt aus Nord-Amerika. In einer mit Fell oder Plastik bespannten Trommelschale von 30–50 cm Durchmesser liegen viele kleine Stahlkugeln. Die obere Seite des Instrumentes ist durchsichtig, sodass man die Bewegung der Kugeln sehen kann. Das Geräusch imitiert das Brandungsgeräusch von Wellen.

Klangschalen stammen ursprünglich aus Tibet. Dort wurden sie nicht nur als Musikinstrument benutzt, sondern auch als Essgefäß. Sie bestehen aus Bronzelegierungen und haben einen sehr obertonreichen, meditativen Klang. Die Klangschalen werden in der flachen Hand gehalten und mit einem mit Filz bespannten Klöppel am Außenrand gestrichen. Durch die gleichmäßige Reibung entsteht ein vielstimmiger Klang, der Ton kommt wie aus dem Nichts.

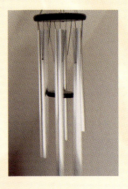

„Chimes" sind tonal gestimmte Aluminium-Stäbe, die mit einem Holzschlägel angeschlagen werden. Es entstehen hohe, klare Töne, die lange nachklingen. Das Wort „chimes" stammt aus dem Englischen und bedeutet Glocken.

Hinweis: Suchen Sie, wenn möglich, die Instrumente immer persönlich aus! Jedes Instrument ist individuell angefertigt, keines klingt wie das andere.

Schöne Instrumente für besondere Anlässe

Geben Sie diesen besonderen Instrumenten auch eine besondere Bedeutung. Die Instrumente gewinnen dadurch an emotionalem Wert, an Erinnerungsqualität und Wertschätzung.

Sie erklingen z. B. nur dann,
- wenn ein Kind Geburtstag hat,
- wenn jemand nach längerer Krankheit wieder im Kindergarten ist,
- wenn Ferien beginnen,
- wenn man sich wiedersieht.

Entspannungsmusik selbst gemacht

Musikinstrumente/Stimme	Spielweise	Wirkung
ocean drum, rainmaker, Rassel	durchgehendes Rauschen	Gefühl, am Meer zu sein, starke Beruhigung, Schweigen,
Pauke, große Trommel	langsame, regelmäßige Schläge, mit weichem Schlägel, in der Fellmitte angeschlagen	Imitation des Herzschlages, Beruhigung des Atmens
Glockenspiel, Flöte	kurze, frei erfundene Melodien, am wirkungsvollsten mit der pentatonischen Reihe: c-d-e-g-a	Leichtigkeit, Beschwingtheit, Freiheit, positive Gefühle
Triangel, chimes, u.Ä.	selten anschlagen, nur ein oder zwei Töne	Klangeffekt mit verklingenden Tönen, das Gefühl zu schweben
Klangschale	leiser, durchgehender Klang	Gefühl der Basis, der „Erdung", der Sicherheit
Stimme	Summen, entweder ein Ton oder eine langsame, gleich bleibende Melodie	Mitschwingen mit dem Atem wie das Singen zum Einschlafen der kleinen Kinder
Sprechen	Fantasiereise oder einige wenige Worte	Entwicklung innerer Bilder

Ein Ablauf könnte folgendermaßen aussehen: Die ocean drum beginnt mit einem leisen, gleichmäßigen Rauschen. Dann setzt der Herzschlag-Rhythmus ein: ruhige, regelmäßige Schläge. Ein vorsichtiger Triangel-Schlag, und nach einer Weile erklingt auf dem Glockenspiel eine kleine Melodie. Der Erzähler setzt mit Text ein, dann wieder Triangel, dazu leises Summen mit der Stimme. Zum Abschluss werden alle Instrumente allmählich leiser, und die Klangschale verklingt als letztes Instrument. Dann folgt eine lange Stille.

Mit Musik auf Reisen

Sie spielen auf einem Musikinstrument möglichst abgewandt von den Kindern und fragen sie dann: „Wo habe ich euch hingezaubert?" Die ocean drum führt sie vielleicht ans Meer, der rainmaker in einen herrlich warmen Sommer-Regen, die Glöckchen in ein Träumerland.

Jeder einzelne Klang kann in Form eines Ratespiels gespielt werden, er kann aber auch der Auftakt für eine frei erfundene Fantasiereise werden!

Anregungen zum Instrumentenbau

Beim Instrumentenbau erlebt man oft folgende Situation: Das Instrument ist fertig gebaut, es soll ausprobiert werden. Nun kommt der große Moment: der erste Klang! Und mit dem Erklingen verändert sich das Objekt: Aus einem Stück Holz wird ein Musikinstrument! Deshalb sind zwei Aspekte beim Instrumentenbau von großer Bedeutung: Das Instrument muss gut klingen und es muss schön aussehen.

Wir bauen einen Ohrwurm

Endlich kommen alle gesammelten einzelnen Handschuhe von den unvollständigen Handschuhpaaren zu großen Ehren: Schneiden Sie von einem alten Handschuh einen der Handschuhfinger ab. Füllen Sie diesen mit Watte und einem Glöckchen und nähen Sie das Ganze zu. Fertig ist der Ohrwurm!

Handschuhklinger

An die Spitzen der 5 Finger eines alten Handschuhs näht oder klebt man alles, was klingen kann: Knöpfe, Glöckchen, Klettband mit der rauen Seite nach außen, Druckverschlüsse aus Metall ... Das Spiel mit diesen Handschuhklingern fördert in enormem Maß die Feinmotorik der Spielenden!

Strumpfklappern

Kleben Sie zwei Holzplättchen in einen an der Spitze aufgeschnittenen Strumpf. Der Klang verbessert sich, wenn man die Ränder der Holzplättchen abschmirgelt und eine leichte Vertiefung in der Mitte macht. Aus Strümpfen werden so Drachen, Klapperschlangen oder Krokodile!

Glockenketten

In Bastelläden, „Eine-Welt-Läden" oder Indienshops finden Sie ein reichhaltiges Angebot verschiedenster Glöckchen und Glocken. Auch hier ist es wichtig, verschiedene Arten auszuprobieren. Erst durch den schönen Klang werden diese Instrumente wertvoll!

Glöckchen und Glocken lassen sich vielfältig verwenden:

- Ein Glöckchen wird in einen langen Wollfaden festgeknotet. Dieser wird anschließend so verdreht, bis er zusammenrollt.
- Auf ein breites Bordürenband wird eine Glocke genäht. Das Band bekommt einen Klettverschluss. Man kann es um die Knöchel oder um das Handgelenk tragen.
- Viele kleine Glöckchen werden auf das Bordürenband genäht. Indische Schellenbänder werden so gemacht.
- Glocken und Holzkugeln werden auf ein Gummiband aufgefädelt und festgeknotet.

Schüttelbänder

An die Spitze eines Rundholzes oder Stabes (ca. 30–40 cm lang) werden Stoffbänder verschiedener Länge geklebt oder mit Heftzwecken befestigt. An das Ende der Stoffbänder klebt oder knotet man klingendes Material, z. B. Glöckchen, zusammengeklebte Walnusshälften, Muschelpaare oder Metallringe. Durch das Schütteln, Kreiseln oder Drehen des Stabes entstehen Geräusche.

Stampfstab

Bei Umzügen mit dem Spielmannszug geht der „Tambourmajor" voran und dirigiert die Musiker mit einem großen, für alle Spieler sichtbaren Stab. Man nennt ihn auch „Stampfstab", weil der Tambourmajor immer im Takt aufstampft. Charakteristisch ist seine Größe sowie der Fantasie- und Klang-Reichtum seiner Ausschmückung.

An einen stabilen Holzstab wird alles genagelt, geklebt, gebunden, was klappert oder scheppert, z. B. zwei verbogene Deckel, die locker gegeneinander schlagen; eine Blechdose, über der eine Holzkugel hängt, die beim Aufstampfen auf die Dose schlägt; eine Dose, die mit klapperndem Material gefüllt ist. Bunt ist er auch, hat vielleicht ein Gesicht oder eine Fratze aufgemalt oder eine Mütze auf! Durch einen Filzstopper am Fuß des Stabes wird der Klang beim Aufstampfen dunkler.

Dieser Stampfstab führt die Kinder an bei der Singprozession, er kündigt ein Geburtstagskind an, er führt die „Aufräumer" zum Instrumentenschrank oder er zeigt an, wann Schluss ist beim Musizieren.

Zwergenorchester

Walnüsse sind äußerst vielseitig als Musikinstrumente zu verwenden. Sie haben eine raue Schale, einen Hohlraum und zwei gleich große Hälften. Deshalb sind sie ideal für eine „Zwergen-rhyhtm-group" mit verschiedenartigen Walnussinstrumenten.

Rassel (Shaker): Die leere Walnuss wird mit rasselndem Material gefüllt, mit Holzkügelchen, Steinchen, Murmeln und anschließend fest zusammengeklebt.

Klapper (Kastagnette): Eine Walnuss-Hälfte wird mit der flachen Seite auf ein Holzbrettchen geklebt. Dasselbe geschieht mit der anderen Hälfte. Beide werden gegeneinander geschlagen.

Ratsche (Guiro): Die beiden Außenhälften der Walnuss werden gegeneinander gerieben, dadurch entstehen Ratsch-Klänge.

Holzblock: Auf eine stabile Fläche werden Walnuss-Hälften unterschiedlicher Größe aufgeklebt. Man schlägt sie mit einem Holzschlegel an. Je größer die Walnuss, desto tiefer ist der Ton.

Klanghölzer (claves): Einfach zwei Walnüsse gegeneinander schlagen!

Und so hört sich die „special-walnut-rhythm-group" an:

Klanghölzer:	Schlag Schlag Schlag (Pause)
Ratschen:	Ra-sche Ra-sche
Rassel:	tok-tok tok-tok tok-tok tok-tok
Holzblock:	Bumm

Raumgestaltung mit Musik

Häufig sind die Musikinstrumente in den Kindergärten unter Verschluss oder werden im Leiterzimmer aufbewahrt. Doch sollte man zumindest mit einigen Instrumenten anders vorgehen. Schließen Sie diese Instrumente nicht weg, geben Sie ihnen einen besonderen, optisch wirksamen Platz. Das kann auf einem schön gestalteten Tisch sein, an der Wand neben ansprechenden Bildern oder im Eingangsbereich des Kindergartens als freundliche Begrüßung.

Klangwand

Befestigen Sie ein Instrument an der Wand in Kinderhöhe, sodass die Kinder es nicht abnehmen, aber damit spielen können: eine alte Gitarre, auch nur mit einer Saite; eine Handtrommel, fest angebracht; eine alte Orgelpfeife, in die man hineinpusten kann; ein Regenstab, den man wie eine Sanduhr drehen kann.

Das klingende Jahr

Jede Jahreszeit hat eine ganz eigene akustische Qualität. Dafür können wir die Kinder sensibilisieren. Die Musik des Herbstes ist bestimmt durch die trockenen Blätter, die Nüsse und die Tannenzapfen; der Winter durch Schnee und Weihnacht mit hellen Glitzerklängen von Triangeln und Glocken; der Frühling mit leichtem Wind und Vogelstimmen-Flöten; der Sommer mit Meeresrauschen und Muschelklängen. Bereichern Sie Ihren Jahreszeitenplatz jeweils mit diesen akustischen Zugaben. Legen Sie diese so, dass die Kinder Lust bekommen, damit zu spielen.

Musik aus dem Urlaub

Aus dem Urlaub stammen die schönsten Musikinstrumente. Ab sofort bitten wir alle Eltern, Kinder und Erzieherinnen, aus ihrem nächsten Urlaub etwas Klingendes mitzubringen; etwas, das nichts kostet! Sie werden sehen, in Kürze haben Sie eine wundervolle Sammlung: herrlich klingende Schneckenhäuser aller Arten; Muscheln, von groß gewunden bis klitzeklein; Steine, glatt geschliffen vom Meer; Steinschmeichler für Kinderhände, jeder klingt anders. Diese kommen in schön gestaltete Schalen oder Körbe und können von den Kindern „im Vorbeigehen" immer wieder zum Klingen und Rascheln gebracht werden.

Klingerkästen

Fühlkästen können auch Klingerkästen sein! Gestalten Sie mit den Kindern Klangkörbe, die mit verschiedenen Materialien gefüllt sind. Mischen Sie nicht zu viel durcheinander, sondern lassen Sie die spezifischen Klänge wirken: Knöpfe, Glasmurmeln, trockene Hölzer, Erbsen etc.
Die Klingerkästen sind so gestaltet und auch so platziert, dass die Kinder immer, wenn sie Lust haben, mit den Händen hineingehen und sowohl den taktilen wie auch den akustischen Eindruck genießen können.

Instrumente im Freien

Entdecken Sie mit den Kindern, was im Außengelände klingt, knarrt, klappert, quietscht, pfeift, an welchen Stellen die Stimmen leiser oder lauter klingen, die Schritte sich unterschiedlich anhören, was klingt, weil es mit einem Stock angeschlagen wird oder mit den bloßen Händen.

Ein Klanggarten

Auch den Außenbereich des Kindergartens können Sie mit einfachen Mitteln akustisch lebendig gestalten. Dazu einige Vorschläge:

- Im Tipi-Gang hängt im Laub versteckt ein kleines Röhrenglockenspiel, das durch den Wind zum Klingen gebracht wird.
- Blumentöpfe in verschiedener Größe, aber mindestens ab 30 cm Durchmesser und mit gutem Trommelfell beklebt, stehen im Gartenbereich zum spontanen Spielen bereit.
- In Blumenschalen, in der Erde eingelassen, liegt klingendes Material aus Holz, Stein oder Naturmaterialien.
- Bambus-Stäbe in verschiedener Größe hängen wie eine Hängetreppe zwischen zwei Sträuchern. Ein Stab zum Anschlagen ist an einem Seil befestigt.
- An der Seite des Spielberges ist eine kleine offene Metallröhre eingelegt, das Poltern von Steinchen, Murmeln und Kastanien kann darin gehört werden.
- Eine Plastikröhre wird um die Ecke des Hauses so festgemacht, dass man sich durch die Röhre unterhalten kann, aber den Gesprächspartner nicht sieht.
- Am Holzhäuschen sind drei alte Kontrabass-Saiten festgespannt. Eine Holzleiste wird wie ein Kontrabass-Steg unter den Saiten angebracht. Die Holzwand ist der Resonanzkörper.

Klangskulpturen

Einige Instrumentenbauer haben große, frei stehende Musikinstrumente entwickelt, die stabil und ästhetisch ansprechend sind. Diese Klangskulpturen besitzen einen schönen Klang und regen die Kinder zum freien Spiel an. Vielleicht gibt es handwerklich interessierte Eltern, die Lust haben, eigene Ideen umzusetzen. Die Objekte müssen wetterfest und stabil im Boden verankert sein. In die Skulpturen können Musikinstrumente wie Gongs, Triangeln, Trommeln oder Röhrenglockenspiele fest eingehängt werden. Wenn Sie der Klangskulptur dann noch einen fantasievollen Namen geben, ist daraus ein kleines Gesamtkunstwerk entstanden, das die Kinder in ihrem kreativen, ästhetischen Empfinden anspricht.

Waldkonzert

Ein Musikstück in 3 Sätzen für Kindergartenorchester, 3 Dirigenten und einen Erzähler

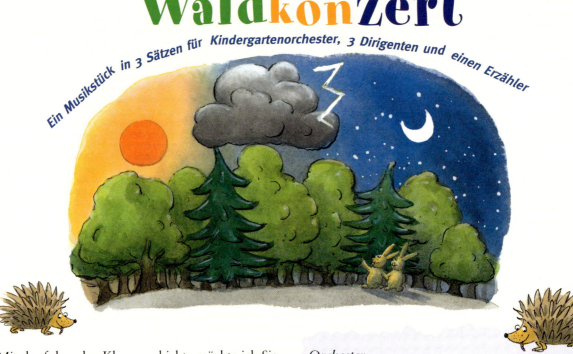

Mit der folgenden Klanggeschichte möchte ich Sie einladen, in Ihrem Kindergarten ein eigenes Orchester zu gründen: ein richtiges kleines „Symphonie-Orchester" mit einem Dirigenten und verschiedenen Instrumentengruppen, die in Reihen hintereinander sitzen und alle einen festen Sitzplatz haben.
Die Aufführung läuft ab wie im echten Konzert: Die Stühle der Orchester-Musiker sind schon aufgestellt, die „Musiker" kommen mit ihren Instrumenten herein und setzen sich auf ihre vorbestimmten Plätze. Alle machen zunächst ordentlich Krach – denn sie „stimmen" ihre Instrumente! Das dauert so lange, bis der Dirigent hereinkommt und sich vor sein Orchester stellt. Dann herrscht sofort absolute Ruhe!
Der Sprecher erzählt sowohl die Geschichte als auch die Regieanweisungen für den Dirigenten. Da viele Kinder gerne Dirigent sein wollen, teilen wir die Arbeit einfach auf: pro Satz ein Dirigent oder eine Dirigentin!

Orchester:
Zimbel, Glockenspiel, Gong, Triangel, kleine Glöckchen, Klangschale, kleine Flöten, Trompete, Trommeln, Klanghölzer, Ratsche, Rasseln, Regenstab, Glockenspiel, Xylophon, Walnussschalen, Tannenzapfen, Schneckenhäuser, Tannennadeln ...

1. Satz: Sonnenaufgang im Wald
Erzähler:
Es ist dunkel im Wald und still. Nichts ist zu hören. Da – regt sich da nicht etwas? Ja, die Sonne geht auf! Der leise Klang einer Zimbel ist zu vernehmen, so zart wie die Morgenröte.
Davon wacht ein kleiner Vogel auf, er schüttelt sich ein wenig und beginnt auf seinem Glockenspiel ein Morgenlied zu singen. Das weckt seine Vogelfrau auf, auch sie stimmt auf ihrem Instrument mit ein. Nun steigt die Sonne immer höher, ihr Zimbel-Spiel wird lauter und weckt noch einige andere Vögel.

Der Dirigent zeigt jeweils auf die einzelnen Vögel, und sie beginnen zu spielen. Einige spielen mit kleinen Flöten, andere auf Cinellen oder Glöckchen. Durch den Gesang werden auch andere Tiere wach: Die Mäusefamilie kommt dahergetrippelt, ihre Füßchen kann man auf den Trommeln gut hören. Ein Eichhörnchen knuspert an einem Tannenzapfen. Im Ameisenbau beginnt ein eifriges Brodeln und Rascheln, man hört, wie die vielen Zweige, Ästchen und Tannennadeln in Bewegung gebracht werden. Plötzlich gibt der Dirigent ein Stopp-Zeichen. Alles wird still!

Da sind sie, die großen Tiere des Waldes, auch sie sind aufgewacht: Mit majestätischen Xylophon-Schlägen hört man die Schritte des Dammhirsches und der Hirschkuh. Jetzt ist die Sonne voll aufgegangen, der Gong ertönt, und alle Tiere beginnen gleichzeitig die Sonne zu begrüßen. Sie spielen so lange, bis der Dirigent den Schluss anzeigt.

2. Satz: Gewitter im Wald

Erzähler:

Der zweite Dirigent tritt vor das Orchester und gibt dem Trommler ein Zeichen, mit Schlägeln mehrmals hintereinander kräftig loszuspielen.
Ein Donner – ein Trommelschlag – und noch einer! Kommt ein Gewitter? Wirklich, man hört einen Blitz mit einem abgestopptem Zimbel-Schlag! Und noch einen! Oh je! Es donnert und blitzt, es regnet heftig mit Rasseln und Regenstäben. Der Dirigent zeigt ganz aufgeregt das fürchterliche Gewitter an. Da – plötzlich – ein riesiger Blitz mit dem Beckenschlag und ein Trommel-Donnerschlag – was ist passiert? Man hört es knarren und ächzen: Ein Baum ist getroffen! Mit einem langen Klang auf der Ratsche bricht der Baum auseinander!

Oh, was hat das für eine Wirkung! Eine Unmenge von Ästen und Tannenzapfen purzeln durcheinander, sie poltern und rollen in einer Trommel herum. Doch allmählich verzieht sich das Gewitter, der Dirigent beruhigt alle, man hört nur noch den Regenstab mit einigen Regentropfen.
Die Sonne kommt wieder durch, einzelne Tropfen fallen auf die Glockenblumen, man hört die feinen Triangel-Töne. Und wie hört sich ein klingender Regenbogen an?

3. Satz: Ein Fest im Wald

Erzähler:

Es ist Abend, das Gewitter ist vorüber, jetzt wird gefeiert!
Und da kommt auch schon der dritte Dirigent, begeistert klatscht er in die Hände!
Die Rasseln sind dran, sie spielen so schnell sie können. Denn alle Bienen, Mücken, Fliegen und Wespen sausen herbei, was ist das für ein Insektenschwarm in der Luft! Alle Glöckchen klingeln zum Tanz der Libellen und Schmetterlinge. Die Schnecken werden auch munter, sie schlagen ihre Schneckenhäuser gegeneinander. Mit der Zeit werden alle gemeinsam leiser, der Dirigent zeigt es ihnen an. Denn nun tritt das Rehballett auf, mit seinem eigenen Orchester! Klanghölzer und Walnussschalen klopfen einen Takt, und die Hirsche an den Xylophonen spielen ebenfalls stolz mit. Eigentlich fehlt nur noch der Jäger mit seinem Waldhorn, aber hört man da nicht eine Trompete blasen?
Allmählich wird es dunkler, das Wildschwein grunzt verschlafen mit einem knurrigen Ratschenklang. Zu guter Letzt hört man nur noch den guten alten Mond mit der Klangschale. Und dann ist Schluss. Bravo! Bravo!!

4 Musizieren mit CDs

CDs sind nicht nur zum Hören da

Wenn man die immer größer werdenden CD-Ständer in Möbelhäusern betrachtet, weiß man, wie viele Menschen sich mit Musik ausstatten. Jeder hat seine individuelle Musiksammlung zu Hause, mit der der Alltag beschallt wird. Oft läuft sie als Hintergrund und unterstützt die eigene Stimmung. Aus der Musikpsychologie ist bestens bekannt, dass Musik den Menschen beeinflusst, auch unbewusst. Sie stimuliert seine Motorik, seinen Herzschlag und das vegetative Nervensystem, sie regt die Fantasie an, weckt Gefühle und steuert das Denken. Diese Tatsache können wir in der Arbeit mit Kindern nutzen.

> **Ein wichtiger Hinweis:**
> Wenn wir die unmittelbare Wirkung von Musik erreichen wollen, muss sie „instrumental" sein, d. h. ohne Gesang. Bei Liedern konzentriert man sich auf den Text, man achtet auf den Inhalt, die Musik dient dann nur als musikalische Stütze.

Musik im Hintergrund

Die musiktherapeutische Forschung hat gründlich untersucht, wie Musik auf den Menschen wirkt. Musik wirkt schmerzlindernd, man hat weniger Angst und man kann sich besser entspannen. Viele Erzieherinnen greifen deshalb gerne auf Entspannungs-CDs zurück, um mit Kindern Fantasiereisen zu gestalten. Zu diesen Entspannungs-CDs wird dann ein Text gesprochen. Probieren Sie doch auch einmal Musik ohne Text aus und lassen Sie während einer Freispiel-Phase ruhige Musik laufen. Leise Musik im Hintergrund stärkt die Konzentrationsfähigkeit, die Sprechlautstärke der Kinder wird leiser, das Spiel friedlicher. Wählen Sie langsame, klassische Musikstücke. Wichtig ist aber, dass Sie die Musik selbst gut kennen und auch persönlich mögen! Auch das wirkt sich auf die Kinder aus!

Karaoke selbst gemacht

Inzwischen gibt es auch auf dem Kinderliedermarkt viele Playback-CDs, sodass die Kinder die Lieder der Liedermacher mitsingen können. Auch für Erzieherinnen ist es oft eine Hilfe, um sich überhaupt an das Singen heranzuwagen.
Wie wäre es, diese Playback-Aufnahmen als kreatives Medium zu nutzen? Man hat eine optimale instrumentale Vorlage, um selbst Lieder zu erfinden. Sie werden feststellen, dass Dichten eigentlich gar nicht so schwer ist! Der Refrain wird zunächst leicht abgewandelt, manche Worte in den Strophen verändert, und für einen Geburtstag wird dann der erste eigene Dichtversuch unternommen. Lob und Beifall sind Ihnen sicher!

Musik erzählt Geschichten

Beim Hören von Musik entstehen innere Bilder. Man sitzt und hört Musik, vielleicht auch mit geschlossenen Augen – auf einmal entsteht ein Bild klar vor dem inneren Auge: Da schwebt ein Vogel zu ausschweifender Flötenmusik, da kommt eine Herde Wildpferde zu rhythmischer Musik herangaloppiert, da breitet sich eine blühende Frühlingslandschaft zu leicht beschwingter Musik aus. Solche Bilder können wir auch gezielt hervorrufen und daraus eine „Hörgeschichte" machen. Begeistern Sie die Kinder dafür, dass ihnen heute die Musik eine Geschichte erzählt. Wählen Sie ein relativ kurzes (ca. 2–3 Minuten) instrumentales Musikstück aus, das auch Ihnen gefällt. Die Kinder hören konzentriert zu und erzählen anschließend, was sie innerlich erlebt haben. Und das wird viel sein!

Mitmach-Musik

Zu Musik auf CD kann man auch mit Musikinstrumenten mitspielen. Es gibt grundsätzlich zwei Schwerpunkte: rhythmusbetonte Musik und melodisch geprägte Musik.

Zu rhythmisch betonter Musik eignen sich gut Rhythmus-Instrumente wie Trommeln, Klanghölzer oder Rasseln. Zusammen mit einer CD klingt es oft gleich richtig gut, denn die Musik von der CD ist eine Stütze, sie hilft den Kindern im Rhythmus zu bleiben. Wenn ein Musikstück den Kindern gefällt und die Gruppe rhythmisch relativ sicher ist, lässt sich bei mehrmaliger Wiederholung vielleicht eine musikalische Erarbeitung einstudieren. Bei aller Differenzierung steht an erster Stelle aber immer die Freude, selbst Musik zu machen!

Es gibt wunderschöne, gefühlsbetonte und melodische Musik aus der Sparte der „Weltmusik". Dazu kann man sehr einfach und doch effektvoll mitmusizieren. Dazu wählt man gerne stimmungsunterstützende Musikinstrumente wie den Regenstab, Triangeln oder leise gespielte Wisch-Klänge auf Trommeln. Es klingt auch schön, wenn Glockenspielklänge hinzugefügt werden oder Naturgeräusche, Klänge wie Vogelstimmen, Wasserrauschen. Wichtig ist, dass die musikalische Fantasie und das Gefühl angesprochen werden. Auch freies Singen passt sehr gut in die Stimmung.

Vorschlag für eine Einstudierung:

Trommeln spielen einen gleich bleibenden Grundschlag, sie haben eine stabilisierende Wirkung. Rasseln spielen das doppelte Tempo, sie beleben mit ihrem hellen Rauschen die Stimmung. Klanghölzer geben Akzente auf Taktschwerpunkten, sie strukturieren die Musik. Auch ein Schellenkranz kann eingesetzt werden, nicht zu häufig, er kann auch „nervig" werden. Oder benutzen Sie einfach die Körperinstrumente, klatschen, stampfen, patschen!

Malen mit Musik

Malen zu Musik ist eine überaus wichtige Methode, um ebenso zum Malen wie zur Musik einen gefühlsmäßigen Bezug zu bekommen. Durch die Gleichzeitigkeit und Vielfalt der sinnlichen Eindrücke, optisch, akustisch und taktil, kommt man kaum dazu, nachzudenken oder emotionale Sperren aufzubauen. Der motorische Zugang zum Malen lockert körperlich und gibt dadurch den Weg frei, sich dem Hörgenuss kreativ malerisch zu überlassen. In der Kunsterziehung wird oft Musik zum Malen gespielt. Musik hat in diesen Angeboten eher eine unspezifische Stimulationsfunktion, sie soll einen akustischen Rahmen bieten, in dem die Kinder sich auf das Malen konzentrieren. Im Folgenden werden ausschließlich Ideen vorgestellt, in denen sich Musik und Malerei gegenseitig bereichern, in denen die Malerei aus der Musik entsteht.

Die Hände tanzen auf dem Papier

Material:
stabiles DIN-A3-Papier, Klebeband, für jedes Kind zwei Wachsmalstifte
Wählen Sie eine rhythmisch betonte, tänzerisch ansprechende Musik.

Die Kinder erhalten ein großes Blatt, das auf dem Boden, an einer Malwand oder dem Tisch festgeklebt wird. Warum? Es soll einfach nicht verrutschen beim „Tanzen"! Warum Wachsmalstifte? Filzstifte werden beim Malen sofort eingedrückt, Pinsel müssen immer wieder in das Wasser eingetaucht werden, das braucht Zeit und hemmt den spontanen Bewegungsablauf. Wachsmalstifte halten den Druck der Hände aus. Jedes Kind erhält zwei Stifte, einen für die rechte, einen für die linke Hand! Man hat ja auch zwei Füße!

Und nun kann es losgehen, die Hände der Kinder sind die Füße einer Schlittschuhläuferin oder eines Tänzers, beschwingt gleiten sie zur Musik über das Papier oder tanzen einen Stepp-Tanz. Man kann richtig hören, wie die Stifte auf dem Papier gleiten oder klackern.

Geben Sie kleine Anregungen, während die Kinder malen:

♪ Grobmotorische Differenzierung:
Mal „tanzen" die Kinder mit beiden Händen, mal abwechselnd, mal nur mit der linken Hand, mal „laufen" Hände hintereinander. Nutzen Sie das Malen für ein grobmotorisches Training. Beidhändigkeit und rhythmisch gesteuerte Bewegungsabläufe werden dadurch geübt.

♪ Kommunikation:
Zwei Kinder malen auf einer „Tanzfläche".

Auch hier gibt es spielerische Varianten: Wer führt die Linienführung an, teilen sich die Kinder die Malfläche oder hat jeder seinen Bereich, malen sie mit jeweils zwei Stiften oder mit nur einem?

♪ Malen mit geschlossenen Augen:
Man kann sich so dem Bewegungsimpuls der Musik stärker überlassen.

Interessant ist es, wenn Sie verschiedene rhythmische Stile ausprobieren. Wie reagieren die Kinder malend auf dem Blatt, wenn Sie Ragtime wählen, spanische Musik oder einen Walzer?

Lieder malen

Es gibt ein Lied von Detlev Jöcker „Ich male heute einen Baum mit meiner Zauberkreide". Jöcker schlägt vor, dieses Lied mit geschlossenen Augen in der Luft zu malen. Mit älteren Kindergartenkindern lässt es sich auch in bildnerisches Malen umsetzen. Diese Idee können wir auch auf andere Lieder übertragen, dabei entsteht eine angenehme Malatmosphäre.

Wählen Sie Lieder aus, deren Inhalt die Kinder vom zeichnerischen Können nicht überfordert. Die Lieder können auch live gesungen werden. Das hat den Vorteil, dass Strophen mehrmals wiederholt werden können, während die Kinder ihre Bilder malen.

„Klang-Farben" der Musik

Das Wort „Klangfarbe" zeigt den Überschneidungsbereich an zwischen Malerei und Musik. Menschen mit einer so genannten synästhetischen Begabung sehen bei bestimmter Musik innerlich bestimmte Farben. Umgekehrt hören Maler ungewollt Klänge, während sie malen. Aber auch ohne diese besondere Begabung können wir mit diesem Überschneidungsbereich der Sinne spielen.

Wählen Sie instrumentale Musik aus, die eher melodisch als rhythmisch bestimmt ist. Fordern Sie die Kinder auf, die Musik in Farben umzusetzen und zur Musik passende Bilder zu malen (z. B. Gelb oder Orange zu hellen Klängen, Blau oder Braun zu dunklen Klängen). In diesem Fall ist es natürlich angeraten, auf Tusche, Aquarellfarben oder ähnliches Material zurückzugreifen, welches die Farbexpressivität der Kinder unterstützt.

Ein Gesamtkunstwerk

Teilen Sie die Kinder in drei Gruppen ein: zwei Musikgruppen und eine malende Gruppe. Eine Musikgruppe hat Instrumente mit dunklen Klängen (Gitarrensaiten, Bass-Klangstäbe, große Klangschalen), die andere spielt mit hellen Klängen (Triangeln, Glockenspiele, Zimbeln). Die dritte Gruppe malt gemeinsam an einer großen Malfläche. Ein Dirigent leitet die Musikgruppen an und die malenden Kinder wählen jeweils die Farben aus, die zur gerade erklingenden Musik passen, und setzen die Musik in Bilder um: Lange Töne werden lange Linien oder große Flächen, kurze Töne werden kleine Farbtupfer. Wenn nur ein Kind Musik macht, malt auch nur ein Kind.

Wenn das Bild fertig ist, kann man es als Spielvorlage oder „Partitur" benutzen: Ein Kind zeigt auf dem Bild, was gespielt werden soll – dunkle Farben, dunkle Klänge, einzelne Tupfer oder große Flächen. Das Musikstück ist zu Ende, wenn das Bild eingerollt wird.

Die Autorin

Beate Quaas hat ev. Kirchenmusik und Schulmusik studiert, unterrichtet an einer Fachschule für Sozialpädagogik und ist zuständig für die Fort- und Weiterbildung in Musik für FachlehrerInnen der Sozialpädagogik in Niedersachsen. Sie hat drei Kinder und macht regelmäßig in Kindergärten Musik.

Bücher zum Thema

Gerda Bächli: Mein Erlebnis Musik
Edition Pelikan 1977

Lilli Friedemann: Trommeln – Tanzen – Tönen
Universal Edition Wien 1983

Detlev Jöcker: 1, 2, 3 im Sauseschritt
Menschenkinder Musikverlag Münster 1985

Inge Latz: Die Stille würde mich töten
Verlag Gisela Meussling Bonn 1987

© 2003 Christophorus-Verlag GmbH
Freiburg im Breisgau
www.christophorus-verlag.de

Alle Rechte vorbehalten
Printed in Belgium

ISBN 3-419-53028-5

Jede gewerbliche Nutzung der Texte, Abbildungen und Illustrationen ist nur mit Genehmigung der Urheber und des Verlages gestattet. Bei Anwendung im Unterricht und in Kursen ist auf dieses Buch hinzuweisen.

Lektorat: Sabine Loeffel

Illustrationen: Pia Eisenbarth

Fotos:
Ulrich Niehoff: Seiten 8, 36, 38, 41, 48, 53, 58
Miguel Perez: Seiten 10, 19, 22, 44, 48 links unten

Umschlaggestaltung: Network!, München
Layout & Satz: HellaDesign, Emmendingen
Notensatz: Nikolaus Veeser, Schallstadt
Herstellung: Proost, Turnhout 2003

Hier zeigen wir Ihnen eine Auswahl unserer beliebten und erfolgreichen Bücher – und wir haben noch viele andere im Programm. Wir informieren Sie gerne, fordern Sie einfach unser Verlagsprogramm an:

3-419-**53026**-9

3-419-**52933**-3

Bücher für ErzieherInnen, LehrerInnen und Eltern

Bücher für Eltern und Familie

Bücher für Kinder

Bücher für Ihre Hobbys

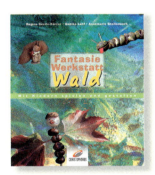

3-419-**53040**-4

3-419-**53041**-2

Wir sind für Sie da, wenn Sie Fragen haben. Und wir interessieren uns für Ihre eigenen Ideen und Anregungen. Faxen Sie, schreiben Sie oder rufen Sie uns an. Wir hören gerne von Ihnen.

Ihr Christophorus-Verlag

CHRISTOPHORUS

Hermann-Herder-Straße 4
79104 Freiburg im Breisgau
www.christophorus-verlag.de
Telefon: 07 61 / 27 17–26 8
oder
Fax: 07 61 / 27 17–35 2

3-419-**52897**-3

3-419-**52896**-5